결국 글은 쓰는 것이 아니라 다듬는 것입니다

ZANNEN NAGARA, SONO BUNSHO DEWA TSUTAWARIMASEN
Copyright © 2017 Takuro Yamaguchi
Korean translation rights arranged with DAIWA SHOBO CO., LTD.
through Japan UNI Agency, Inc., Tokyo and Korea Copyright Center, Inc., Seoul

이 책은 (주)한국저작권센터(KCC)를 통한 저작권자와의 독점계약으로 <sup>사</sup>이에서 출간되었습니다.
저작권법에 의해 한국 내에서 보호를 받는 저작물이므로 무단전재와 복제를 금합니다.

쓸 때는 열정적으로,
고칠 때는 과감하게,
다듬을 때는 섬세하게

# 결국 글은
# 쓰는 것이 아니라
# 다듬는 것입니다

야마구치 다쿠로 · 조윤희 옮김

사이

**글을 시작하며**
# 글을 써야 한다는 고민, 그것도 잘!

"무엇을 써야 할지 모르겠어요."

"어떻게 써야 할지 모르겠어요."

"제가 봐도 제 글이 안 읽히는데 어디가 문제인지 모르겠어요."

"쓰고 싶은 마음은 태산 같은데 첫 문장부터 막혀요."

"좀 더 다듬어야 할 것 같은데 어디서부터 손을 봐야 할지 모르겠어요."

"제 의도가 제대로 전달되고 있는지 걱정이에요."

"글을 쓸 때 시간이 너무 오래 걸려요."

"글의 흐름이 자연스럽지 않은 것 같아요."
"글쓰기에 자신이 없어요."

글쓰기의 고민은 저마다 다르다. 하지만 하나 확실한 것은 이 세상 90퍼센트 이상의 사람이 글쓰기에 자신이 없다는 것이다.

"스스로 글 좀 쓴다고 자신 있으신 분, 손 한번 들어 보세요."

나는 연수나 세미나를 시작하기 전에 꼭 이렇게 질문한다. 200명 이상의 수강생 중에서 몇 명이나 손을 들까? 많아야 한두 명이고 없을 때도 있다. 왜 스스로 글을 잘 쓴다고 당당하게 말하는 사람이 적을까? 이유는 간단하다. 글 쓰는 법을 제대로 배운 적이 없기 때문이다.

초등학교 때 우리는 어휘, 문법, 읽기 등을 단편적으로 배우지만, 뜻을 전달하는 글쓰기의 기초 요령을 체계적으로 가르쳐 주는 선생님은 거의 없었다. 아이들은 반쯤 강제로 글짓기를 하고 감상문을 쓰고, 또 제대로 썼는지 못 썼는지도 모른 채 지나간다. 선생님도 딱히 칭찬해 주지 않으니 점차 자신감을 잃게 된다.

나도 글쓰기에 자신이 없는 사람 중 하나였다. 대학을 졸업하고 출판사에 입사해서 잡지 편집부에 소속되었는데 그때까지도 글쓰기를 제대로 배운 기억이 없다. 대충 '감으로' 기사를 쓰고 편집장에게 날마다 꾸중을 들으면서 매번 새로 쓰다시피 고치고 또 고쳐 썼다.

독립한 후에는 다양한 잡지에 기사를 투고했다. 나름대로 잘 쓴다고 생각했는데 그렇지도 않았나 보다. 갓 독립했을 당시에 담당 편집자와 편집장에게 자주 혼났다. "무슨 말인지 모르겠어요.", "읽기 힘들어요.", "같은 말이 계속 나오네요.", "독자가 누구라고 생각하시나요?", "전체 내용이 진부해요.", "내용에 깊이가 없어요." 등등. 역시 프로의 세계는 엄격했다. 몇 번이나 좌절하면서 그들의 조언과 충고를 받아들여 내 피와 살로 만들고자 노력했다.

실력을 갈고닦으려고 글쓰기 책도 수없이 많이 읽었다. 글쓰기 책만 백 권쯤 읽었을 무렵일까, 적극적인 노력이 열매를 맺어 조금씩 글을 잘 쓰게 되었다. 문득 깨닫고 보니 편집장의 평가가 완전히 달라져 있었다. "참 읽기 편하게 쓰시네요.", "글쓰기 표본 같은 문장이에요.", "술술 읽혔어요."라고 칭찬받는 일이 많아졌다. 그러자 조금씩 자신감도 생겼다.

나 스스로가 이렇게 '쓸 수 없다'에서 '쓸 수 있다'로 달라졌기에 한 가지 확실하게 말할 수 있는 것이 있다. 글쓰기 실력은 그저 '많이 쓴다고 늘지 않는다'는 점이다. 안타깝게도, 열심히 쓰는 것이 능사는 아니다.

- 기초와 요령을 모르고 많이 쓴다. = 실력이 늘지 않는다.
- 기초와 요령을 알고 많이 쓴다. = 실력이 는다.

글쓰기 실력을 키우려면 우선 글쓰기의 기초와 글을 고치고 다듬는 요령을 함께 익혀야 한다. 일단 그와 같은 기초와 요령을 제대로 익히면 그 후에는 쓰는 만큼 실력이 붙는다. 내가 20여 년 동안 노력해서 얻은 '글을 쓰고 다듬는 기초와 요령'을 이 책에 차곡차곡 담았다. 따라서 이 책을 읽으면 다음과 같은 효과를 얻을 수 있을 것이다.

- 의도가 제대로 전달되지 않던 글이 글쓴이의 의도가 명확히 전달되는 글이 된다.
- 내용이 정리되어 이해하기 쉬운 글이 된다.
- 무엇을 쓰면 좋을지 모르는 상태에서 탈출한다.

- 어떻게 쓰면 좋을지 모르는 상태에서 탈출한다.
- 읽는 사람이 잘못 읽고 오해하는 일이 줄어든다.
- 글쓰기 속도가 빨라진다.
- 내가 봐도 이상한 내 글을 더 좋게 다듬고 수정할 수 있다.
- 다른 사람의 관심을 끌 만한 글을 쓸 수 있다.
- 글쓰기 콤플렉스에서 벗어난다.
- 잘 쓸 수 있다는 자신감이 붙는다.
- 글의 완성도가 높아진다.

우리 머릿속에 있는 생각과 정보를 읽는 사람에게 오해 없이 전달한다. 우리가 쓴 글을 다른 사람이 읽고 기뻐하며 웃는다. 이런 광경을 한번 상상해 보자. 심장이 두근거리지 않는가.

이 책은 글을 쓰고 고치고 다듬는 요령뿐만 아니라 글쓰기 전에 준비하는 방법, 글쓰기에 필요한 정보를 수집하는 방법, 다 쓴 후 글의 완성도를 높이는 방법도 소개한다.

또 제5부에서 소개하는 '글을 풀어가는 10가지 유형'은 글의 흐름을 어떻게 구성하면 좋을지 모르는 사람에게 구세주와 같은 역할을 할 것이다. 모든 배움은 흉내 내기로 시작한다. 우선 흉내를 내면 충분하다. 상황과 목적에 맞춰 여러 유형을 활용해 보면 된다.

이 책에서 말하는 비결은 글쓰기의 종류를 가리지 않는다. 보고서, 기획안, 회의록 같은 업무용 글쓰기는 물론이고, 메일, 메신저, 블로그, 페이스북, 트위터 같은 소셜미디어 글쓰기에도, 또 취미로 쓰는 소설, 수필 등 모든 글쓰기에 활용할 수 있다.

내가 이 책을 쓸 때 제일 힘을 쏟은 부분은 '이해하기 쉽게 쓰는 것'이었다. 망설이지 말고 이 책에서 다루는 글쓰기의 기초와 다듬는 요령을 최대한 훔쳐가기 바란다.

자, 그러면 준비되었는가? 함께 글쓰기 달인을 목표로 첫 걸음을 떼어보자.

차례

글을 시작하며: 글을 써야 한다는 고민, 그것도 잘! 4
서문: 쓸 때는 열정적으로, 고칠 때는 과감하게, 다듬을 때는 섬세하게 14

**제1부**

# 문장을 고치고 다듬는 데도 원칙이 있다

문장은 짧게 쓴다 21
주어와 서술어가 꼬이지 않게 한다 25
수식어와 피수식어는 멀리 떨어뜨려 놓지 않는다 29
수동 표현에 의지하는 수동적 자세를 버려야 한다 33
주어와 서술어는 최대한 가까이 둔다 37
비교할 때는 같은 품사를 사용한다 41
어미만 살짝 바꿔도 의미가 크게 달라진다 46
전문 용어와 어려운 말은 쓰지 않는다 50
같은 표현을 반복해서 사용하지 않는다 53

다 쓴 문장은 반드시 고치고 다듬는 과정을 거친다 60

칼럼 1: 문장 다이어트 연습 64

**제2부**

# 쉼표에서 접속사, 대화체까지
# 문장을 다듬을 때 활용할 수 있는 표현 도구들

쉼표, 바르게 사용하면 약, 잘못 사용하면 독 69
접속사, 넣을까 뺄까? 75
따옴표, 적절히 활용하면 뜻밖의 이득이 된다 80
의성어와 의태어라는 오묘한 도구를 활용한다 84
문장을 애매하게 만들지 않으려면 숫자와 고유명사를 활용한다 89
이중부정은 사용하기에 따라 양날의 검이다 93
친근한 느낌을 주고 싶을 때는 경어체를 97
한자어는 딱딱한 인상을 줄 수 있다 101
한 단어만 쓰지 말고 다양하게 바꿔서 표현한다 106
글의 건조함을 피하려면 대화체를 사용하라 110
보다 쉽게 전달하려면 비유를 활용한다 115

칼럼 2: 쿠션 어구의 힘 120

**제3부**

# 이제는 문장을 넘어 글을 고치고 다듬어야 할 때

사실과 의견은 구분해서 쓴다 125
상식적으로 이해하기 힘든 글을 쓰지 않는다 129

글이 비논리적이면 생각도 비논리적이라는 인상을 준다  133
설명이 부족하면 내용이 전달되지 않는다  138
유사한 내용은 같은 곳에 모아서 쓴다  142
이유와 근거를 결론과 세트처럼 묶어서 제시한다  146
자세히 풀어서 쓴다  151
구체적인 예시를 든다  155
추상적 표현과 구체적 표현을 함께 사용한다  161
비교할 때는 반드시 비교 대상이 필요하다  165
이것저것 너무 많이 담지 않는다  169

**칼럼 3: 대상 독자를 명확히 할 것!  174**


**제4부**

# 쓰는 사람도 수습하기에 난감한
# 글을 쓰지 않기 위해

흔한 내용으로 첫 문장을 시작하지 말라  179
경험담의 나열은 무미건조할 뿐이다  182
입으로 말할 수 없으면 글로도 쓸 수 없다  186
글로 쓸 만한 내용이 자신에게 없기 때문에 글쓰기가 자신 없는 것이다  190
모든 곳에서 글쓰기 재료를 수집한다  194
글을 쓰기 위해 스스로에게 묻고 답하는 과정을 거친다  198
글은 메모에서 시작된다  204
글은 쓰는 것이 아니라 다듬는 것이다  208
문단, 시각적 측면을 고려해 배치한다  213

**칼럼 4: 환경을 바꾸면 글이 더 잘 써진다!  220**

**제5장**

# 글을 풀어가는 10가지 방법

글을 풀어가는 데는 10가지 유형이 있다  225
유형 1 결론 우선형: "그래서 결론이 뭐야?"라는 말을 자주 듣는다면  228
유형 2 에피소드와 깨달음형: 주인공은 에피소드!  232
유형 3 정보 나열형: 핵심을 완벽하게 전달할 수 있다  236
유형 4 주장형: 예상되는 반론에도 공감을 표해야 한다  241
유형 5 시간 순서 나열형: 읽는 사람과 이인삼각 달리기  245
유형 6 중요도 순서형: 중요한 것부터 순서대로 전달한다  249
유형 7 비교형: 글쓴이의 사고와 분석력을 가늠할 수 있다  253
유형 8 제안 및 소개형: 아이디어나 제품이 채택되고 싶을 때 활용한다  257
유형 9 이야기형: 성공담으로 시작하는 이야기는 마음을 움직이지 못한다  261
유형 10 서론 본론 결론형: 마음껏 자유롭게 변형하여 사용하자  265

**칼럼 5: 부정적 어휘와 긍정적 어휘**  269


글을 마치며: 글을 쓸 수 있다는 자신감, 그것도 잘!  271

서문
# 쓸 때는 열정적으로,
# 고칠 때는 과감하게, 다듬을 때는 섬세하게

글을 쓸 때 내가 가장 중요하게 생각하는 것이 있다. 그것은 바로 '읽는 사람 중심'으로 쓰는 것이다. 의외로 많은 사람이 '쓰는 사람 중심'으로 글을 쓴다. 쓰는 사람 중심의 글이란, 글을 쓰는 이가 자신이 쓰고 싶은 내용을 쓰고 싶은 대로 쓴 글을 말한다. 반면 읽는 사람 중심의 글이란, 읽는 사람을 제일 먼저 생각하고 쓴 글이다. 아래의 네 가지 사항이 읽는 사람 중심으로 글을 쓸 때의 포인트다.

- 읽는 사람이 알고 싶어 하는 내용을 쓴다.

- 읽는 사람이 이해하도록 쓴다.
- 읽는 사람이 흥미를 느끼도록 쓴다.
- 최대한 쉽게 쓴다.

같은 내용의 글을 써도 쓰는 사람 중심으로 쓴 글은 읽는 사람이 적고, 읽는 사람 중심으로 쓴 글은 그만큼 읽는 사람이 늘어난다. 핵심은 글 쓰는 사람 안에 있는 언어를 읽는 사람이 이해하기 쉽게 바꿔 쓰는 작업이다. "글은 쓰는 사람이 아니라 읽는 사람을 위해 쓴다." 이 말을 가슴에 새기고 읽는 사람을 중심에 두고 글을 쓰도록 노력하자.

### 글의 목적을 명확히 한다

당신이 식당에서 아르바이트 중이라고 가정해 보자. 점장이 '특산 된장만두'를 판매할 예정이니 메뉴 소개글을 써서 붙이라고 말한다. 특별한 목적의식이 없다면 '된장만두 판매 시작' 또는 '추천! 된장만두'라고 쓸지도 모른다. 하지만 만약 '메뉴를 읽자마자 입에 침이 절로 고여서 당장 먹으려고 주문한다'와 같은 목적을 가지고 쓴다고 생각해 보자.

그렇다면 당신은 생각을 완전히 전환하여 손님이 "당장 먹고 싶어!"라고 외칠 수 있는 문장을 생각해 내려 애쓸 것이다. 예를 들면 '산 좋고 물 좋은 ○○산 보리된장을 사용. 처음 먹는데도 할머니의 손맛이 떠올라요!'라고 쓸 것이다. 물론 이렇게 쓴다고 해서 모든 손님이 주문하는 것은 아니다. 하지만 '뚜렷한 목적'을 가지고 글을 썼을 때 돌아오는 성과는 천지 차이일 것이다. 여기서 말하는 목적이란, 바꿔 말하면 도달하려는 목표를 설정하는 것이다. 에베레스트 산 정상에 오르겠다는 목표를 설정하지 않는다면 에베레스트 산에 올라갈 일조차 없다. 글에도 같은 원리를 적용할 수 있다.

### 열정적으로 쓰고, 냉정하게 검토한다

다음으로 내가 중요하게 생각하는 글쓰기 방법은 '열정적으로 쓰고 냉정하게 검토하기'다. 글을 쓸 때는 많든 적든, 자신이 쓰고 있는 그 글의 주제를 꼭 전달하고 싶다는 열정이 필요하다. 글쓴이의 열정은 문맥에 여실히 드러나게 마련이다. 문장의 종류에 따라, 특히 감정을 표현하는 글에서 글쓴이의 열정이 느껴지지 않는다면 읽는 사람의 마음에도 아무런 감흥이 일지 않고, 따라서 아무것도 전달하지 못하는 비극을 부른다.

한편 열정만으로는 주제를 제대로 전달하기 힘든 점이 글쓰기의 어려움이다. 늦은 밤 격렬한 감정에 휩싸여 단숨에 써 내려간 뜨거운 연애편지가 좋은 예다. 아침에 일어나서 읽어보면 부끄러운 마음이 들 것이다. 이때 핵심이 바로 열정적으로 쓰고, 다 쓴 후에는 냉정하게 검토하고 과감하게 고치고 섬세하게 다듬는 것이다.

자신의 글을 냉정하게 검토할 때는 머릿속 스위치를 쓰는 사람에서 읽는 사람으로 전환해야 한다. 한마디로 철저하게 '독자의 입장'이 되어야 한다는 것이다. 혼자 외쳐대는 글은 아닌지, 읽는 사람도 이해할 수 있는지, 어려운 단어를 사용하지는 않았는지, 문장이 꼬여 있지는 않은지, 설명이 부족하지는 않은지, 글의 흐름이 자연스러운지 등 이 책에서 말하는 핵심 내용을 객관적으로 하나씩 살펴본다. 지나친 열정으로 쓴 열기도 이때 지운다.

한 가지 요령이 있다면 열정적으로 쓸 때는 목표하는 분량

보다 많이 쓰고, 냉정하게 검토할 때 절반 이하로 줄여 보는 것이다. 이때 문장을 고치고 다듬으면서 글의 완성도를 높이고 문단과 문단 사이의 흐름도 자연스럽게 한다. 그러면 군더더기 없이 술술 읽히는 전달력이 뛰어난 글로 완성할 수 있다.

제1부

문장을
고치고 다듬는 데도
원칙이 있다

# 문장은 짧게 쓴다

길게 쓸 줄 안다고 잘 쓰는 건 아니다

'한 문장에는 하나의 주제!'가 글쓰기의 가장 기본 원칙이다. 이는 마침표로 완결하는 한 문장에는 하나의 내용만 담으라는 뜻이다. 문장이 길면 길수록 끝까지 읽기 힘들고 이해도도 떨어진다. 또 주어와 서술어가 꼬이거나, 수식어와 피수식어가 어색해지는 등 문장 자체가 잘못되기 쉽다.

쓰는 사람은 문장을 길게 썼을 때 왠지 기분이 좋아진다. 이 경우 스스로 제법 잘 쓴다고 착각하는 사람도 있다. 그러나 문장을 길게 쓸 줄 안다고 해서 잘 쓴다고 단정할 수는 없다. '뜻이 전달되는 글'이라는 관점에서 봤을 때 오히려 '문장을 짧게 쓰는 능력'이 필요하다.

**잘못 쓴 글 1**

운동 습관의 중요성에 관해서 주목해야 하는데 특히 유산소 운동은 혈액 속에 불필요한 중성지방과 나쁜 콜레스테롤을 줄이는 효과 말고도 혈액 순환을 촉진하여 신진대사를 활발하게 하고 다이어트와 피부 관리 효과도 기대할 수 있으며 생활습관병 예방에도 한몫한다.

**수정한 글**

운동 습관의 중요성에 주목하자. 특히 유산소 운동은 혈액 속에 남아도는 중성지방과 나쁜 콜레스테롤을 줄여 준다. 또 혈액 순환을 촉진하여 신진대사가 활발해진다. 게다가 다이어트와 피부 관리 효과도 기대할 수 있다. 생활습관병 예방에도 한몫한다.

첫 번째 예문은 한 문장에 약 108자를 썼다. 정보가 지나치게 많아 내용을 이해하는 데 애를 먹는다. 반면 두 번째 예문은 마침표를 5개 찍어서 다섯 문장으로 나누었다. 첫 번째 글보다 내용이 머릿속에 잘 들어온다.

다만 '한 문장에는 하나의 주제'라는 것은 어디까지나 원칙이다. 사실은 한 문장에 한 가지 내용을 담은 문장과 한 문장에 두 가지 내용을 담은 문장을 적절히 섞어 쓰는 편이 좋다. 이렇게 썼을 때 글에 강약이 생겨서 더 세련된 글이 된다.

### 잘못 쓴 글 2
이번에 목에 좋은 아로마 오일과 수면용 가습 마스크를 구매했는데 아로마 오일은 목이 칼칼하기 시작할 때 목 주변에 바르는 제품이고 수면용 가습 마스크는 매일 밤 잘 때 일반 마스크처럼 얼굴에 착용하면 되는데 가습기를 따로 사용하지 않아도 마스크의 수분이 목 점막을 촉촉하게 보호해 주어 애용하고 있다.

### 수정한 글
이번에 목에 좋은 아로마 오일과 수면용 가습 마스크를 구매했다. 아로마 오일은 목이 칼칼하기 시작할 때 목 주변에 바른다. 한편 수면용 가습 마스크는 매일 밤 잘 때 일반 마스크처럼 얼굴에 착용하면 된다. 가습기를 따로 사용하지 않아도 마스크의 수분이 목 점막을 촉촉하게 보호해 주기 때문에 애용하고 있다.

위의 사례에서도 125자를 한 문장에 쓴 글보다 마침표를 4개 찍어 네 문장으로 나눈 두 번째 예문이 읽기 쉽다. 또 중간에 '한편'이라는 접속사를 추가하여 아로마 오일과 수면용 가습 마스크의 정보를 명확하게 분리했다. 한 문장에 모든 내용을 담겠다고 욕심부리면 실패하기 쉽다. 이어달리기에서 배턴을 주고받듯이, 짧게 나눈 문장을 차근차근 배열한다고 상상하자. 절대 서두를 필요가 없다. 한 문장은 길어도 60자 정도가 적당하다. 만약 60자를 넘으면 어디서 끊을지 검토해보자.

# 주어와 서술어가 꼬이지 않게 한다

읽는 사람이 "이게 도대체 무슨 뜻이야?"라고 묻는다면 주어와 서술어가 꼬인 것이다

주어와 서술어가 바르게 호응하지 않는 문장을 '주어와 서술어가 꼬였다'라고 한다. 주어와 서술어가 꼬이면 읽기 어려워질 뿐만 아니라 논리성이 떨어져서 문장 이해도가 낮아진다. 비즈니스 상황에서는 꼬인 문장을 쓰면 신뢰성을 잃을 수도 있다. 그러니 반드시 주의하자.

**잘못 쓴 글 1**
내 목표는 보스턴 마라톤에 참가하여 네 시간 안에 도착하겠다.

**수정한 글**
내 목표는 보스턴 마라톤에 참가하여 네 시간 안에 도착하는 것이다.


**잘못 쓴 글 2**
칼슘이 많은 식품은 다시마와 마른 멸치에 많이 포함되어 있다.


**수정한 글**
칼슘이 많은 식품은 다시마와 마른 멸치다.


 잘못 쓴 글 1과 2는 주어와 서술어가 꼬여 있다. '내 목표는 ~ 도착하겠다'나 '식품은 ~ 포함되어 있다'는 어색하다. 하지만 주어와 서술어가 호응하도록 바르게 고치자 훨씬 자연스러워졌다.
 만약 잘못 쓴 글 1과 2의 서술어를 그대로 남기고 싶다면 서술어에 호응하도록 주어를 고쳐야 한다.


**잘못 쓴 글 1의 서술어를 남기고 수정한 글**
나는 보스턴 마라톤에 참가해서 네 시간 안에 도착하겠다.

**잘못 쓴 글 2의 서술어를 남기고 수정한 글**
칼슘은 다시마와 마른 멸치에 많이 포함되어 있다.

한 문장을 길게 쓰면 주어와 서술어가 꼬이기 쉽다. 따라서 문장이 길어지면 주어와 서술어의 호응이 올바른지 주의해서 살펴보아야 한다. 다 쓴 후에 문장을 소리 내어 읽어보면 주어와 서술어가 꼬이는 것을 막을 수 있다. 입 밖으로 소리 내어 읽으면 문장이 꼬였을 때 알아차리기 쉽다.

**잘못 쓴 글 3**
그가 촬영한 영화의 매력은 여주인공이 지적이고 활동적이라는 점이 매력이다.

**수정한 글 / 주어를 남기고 수정**
그가 촬영한 영화의 매력은 여주인공이 지적이고 활동적이라는 점이다.

**수정한 글 / 서술어를 남기고 수정**
그가 촬영한 영화는 여주인공이 지적이고 활동적이라는 점이 매력이다.

**잘못 쓴 글 4**

우유의 유통기한은 내일까지 마실 수 있다.

**수정한 글 / 주어를 남기고 수정**

우유의 유통기한은 내일까지다.

**수정한 글 / 서술어를 남기고 수정**

우유는 내일까지 마실 수 있다.

# 수식어와 피수식어는
# 멀리 떨어뜨려 놓지 않는다
―

단어의 애매한 위치 때문에 무엇을 꾸미는지 모를 수 있다

문장 안에서 수식어와 피수식어의 위치가 이상하면 무엇을 꾸미는지 알 수 없어 잘못 읽거나 내용을 오해하기 쉽다. 문장을 쓸 때는 읽는 사람이 한눈에 이해할 수 있도록 수식어를 신경 써서 배치해야 한다.

**예문 1**
무책임한 신입사원의 발언

**예문 2**

신입사원의 무책임한 발언


예문 1과 예문 2에서 '무책임한'이 꾸미는 말은 서로 다르다. 예문 1은 '신입사원'과 '발언' 중 무엇을 꾸미는지 알 수 없다. 반면 예문 2는 '발언'을 꾸민다고 명확히 알 수 있다. 만약 신입사원이 어쩌다가 무책임한 발언을 했다면 예문 1처럼 쓰면 안 된다. 신입사원이 무책임한 사람이 되었기 때문이다. 예문 2처럼 '무책임한'이 '발언'을 꾸미도록 순서를 바꿔야 한다.

**예문 3**

새로운 회원 대상의 A사가 개발한 서비스입니다.


꾸밈을 받는 말이 여럿이라 헷갈리는 문장이다. '새롭다'가 '회원', 'A사', '서비스' 중 무엇이든 꾸밀 수 있다. 그렇다면 이 문장은 어떻게 고치면 좋을까? 이럴 때는 문장의 구조를 꼼꼼하게 들여다보자. 어쩌면 이 문장을 쓴 사람은 모든 단어로 '서비스'를 꾸미고 싶었을지도 모른다.

새로운 → 서비스입니다

회원 대상의 → 서비스입니다

A사가 개발한 → 서비스입니다

이처럼 한 문장에 수식어가 여럿 있을 때는 아래의 원칙을 기준으로 수정하자.

- 긴 수식어를 앞에 쓰고 짧은 수식어를 뒤에 배치한다.
- '절'을 포함한 수식어를 먼저 쓰고, '구'를 포함한 수식어를 다음에 배치한다.

'절'이란 한 개 이상의 서술어를 포함하는 문장이고, '구'란 서술어가 없는 어구(문장의 최소 단위)를 말한다. 위의 원칙에 따라 예문 3의 배치를 바꿔보자.

**예문 3 수정**
B는 A사가 개발한 회원 대상의 새로운 서비스입니다

'A사가 개발한' 부분이 절이다. 그렇다면 가장 먼저 할 일은 앞서 설명했듯이 무엇을 꾸미는지 명확히 밝히는 작업이다. 아무리 원칙대로 배치해도 수식어가 다른 단어도 꾸밀 수 있어 읽는 사람이 오해할 수 있다면 수정해야 한다. 같은 단어를 꾸미는 말이 여러 개 있을 때는 아래 순서대로 수식어와 피수식어가 가장 알맞은 자리에 오도록 단어를 배열한다.

- 원칙에 따라 배치한다.
- 앞뒤 단어의 '의미 단위(하나의 뜻을 이루는 어구)'를 확인한다.
- 어색하다면 원칙을 무시하고 다시 배치한다.

많은 경우 한 문장을 짧게 나누면 내용을 오해하거나 잘못 읽는 것을 막을 수 있다. 수식어가 많을 때는 '수식어 재배치'와 '문장 나누기'를 함께 검토하자.

# 수동 표현에 의지하는
# 수동적 자세를 버려야 한다
—

수동태 문장은 무책임하다는 인상을 준다

수동 표현이 많은 글은 '객관성을 가장'할 때 적합하다. 일부러 주어를 말하지 않고 싶을 때, 예를 들면 단점을 감추고 싶을 때 유용하다. 하지만 주체가 명확하지 않아 읽는 사람 관점에서 보면 어딘가 석연치 않고 적당히 얼버무리고 있다는 인상을 받는다. 더 솔직하게 말하면 '무책임한 글'이라는 인상을 준다.

### 수동태의 특징

- 문장 구조가 복잡하다.

- 추상적이고 객관적이라는 인상을 준다.
- 설득력이 부족하다.
- 책임을 회피하는 (듯이 보인다.)

**능동태의 특징**

- 문장 구조가 단순하다.
- 구체적이고 주관적이라는 인상을 준다.
- 설득력이 있다.
- 책임을 지고 말하는 (듯이 보인다.)

**잘못 쓴 글 1**
참가자의 의견이 통일되면 다음주에라도 프로젝트가 시작되리라고 생각됩니다.

**수정한 글**
참가자의 의견을 통일하면 다음주에라도 프로젝트를 시작할 수 있겠죠.

첫 번째 글은 '통일되면', '시작되리라', '생각된다'라고 한 문장 안에 세 가지 수동 표현을 사용했다. 이 문장은 뜻은 전달되지만 어딘가 남의 일을 이야기하는 듯한 인상을 준다. 읽고 반감을 품는 사람도 있을 것이다.

두 번째 글은 '통일되면→ 통일하면', '시작되리라→ 시작한다', '생각된다→ 할 수 있다'라고 세 곳을 바꿨다. 능동 표현을 사용한 덕분에 애매한 인상을 주지 않는다. 또 글쓴이의 긍정적 자세를 느낄 수 있으며, 자신의 발언(문장)에 자신감을 가지고 있다는 인상도 준다.

물론 글을 쓰다 보면 수동 표현을 써야 할 때도 있다. 다만 평소에 수동 표현을 많이 사용하고 세상일을 애매하게 하는 버릇(책임을 회피하는 버릇)이 있는 사람은 그러한 '수동적 자세'를 버려야 한다. 아니 아예 의존하는 자세를 벗어버리자.

**잘못 쓴 글 2**
저쪽에 세워진 철탑이 시야를 가린다.

**수정한 글**
저쪽에 서 있는 철탑이 시야를 가린다.

**잘못 쓴 글 3**

사회 전체에 이념이 침투되어 있다.


**수정한 글**

사회 전체에 이념이 침투해 있다.


**잘못 쓴 글 4**

이 기획이 목표로 삼아지는 것은


**수정한 글**

이 기획이 목표로 삼는 것은

# 주어와 서술어는 최대한 가까이 둔다

뜻이 잘 전달되는 문장은 단도직입적이다

"I love you."를 번역하면 "나는 당신을 사랑한다."이다. 이처럼 주어와 서술어가 바로 붙어 있는 영어와 달리, 일본어나 한국어는 주어와 서술어가 떨어져 있다. 그 사이에 수식어라도 들어가면 "나는 상냥하고 명랑한 당신을 학생 때부터 세계에서 가장 사랑한다."처럼 주어와 서술어는 더 멀리 떨어지게 된다.

주어와 서술어가 지나치게 떨어져 있으면 읽기 어려울 뿐만 아니라 의미를 정확히 이해하기 위해서 상당한 애를 써야 한다. 결론인 서술어가 한참 뒤에 나오기 때문에 읽으면서 속으로 "그래서 결론이 뭔데?", "아이고, 답답해!" 하고 중얼거리는 사람도 있을 것이다.

따라서 의미가 잘 전달되는 문장을 쓰려면 주어와 서술어를 최대한 가까이 두자.

**잘못 쓴 글 1**
선생님은 휴대전화가 학생들이 얘기하고 있는 사이에 울리는 소리를 놓치지 않고 들었다.

**수정한 글**
학생들이 얘기하고 있는 동안에 휴대전화가 울리는 소리를 선생님은 놓치지 않고 들었다.

그러면 잘못 쓴 예문의 주술 관계를 하나씩 살펴보자.

1. 주어: 선생님은
   서술어: 놓치지 않고 들었다.

2. 주어: 휴대전화가

서술어: 울렸다


3. 주어: 학생들이
   서술어: 얘기하고 있다


 이 중에서 주어와 서술어가 바로 옆에 있는 것은 3번밖에 없다. 2번은 3번을 사이에 끼고 있고, 1번은 2번과 3번을 사이에 두고 주어와 서술어가 떨어져서 배치되어 있다. 지나치게 멀다. 이렇게 문장 구조가 복잡하면 당연히 읽기 힘들다. 반면 수정한 글은 1번부터 3번까지 각 문장의 주어와 서술어를 서로 가까이 배치하여 한결 읽기 쉬워졌고 내용도 깔끔하게 정리되어 머리에 쏙 들어온다.
 다만 수정한 글도 아직 최고라고 할 수는 없다. 애초에 한 문장에 너무 많은 내용을 담으려고 했다. 아래와 같이 마침표를 찍어 두 문장으로 나누어보자.

**수정한 글 / 마침표를 찍어 문장을 둘로 나눔**
학생들이 얘기하고 있을 때 휴대전화가 울렸다. 선생님은 그 소리를 놓치지 않고 들었다.

훨씬 읽기 쉬워졌다. 문장을 다 쓴 후 주어와 서술어가 너무 떨어져 있지 않도록 다음의 순서에 주의하면서 검토하자.

- 1단계: 주어와 서술어를 가까이 둔다.
- 2단계: 1단계를 시험해 보고 그래도 읽기 어렵다면 마침표를 찍어서 문장을 나눈다.

**잘못 쓴 글 2**
당사에서는 인터넷을 활용한 홍보 업무를 지원하는 목적으로 광고 전략 세미나를 개최합니다.

**수정한 글 / 주어와 서술어 붙이기**
인터넷을 활용한 홍보 업무를 지원하고자 당사에서는 광고 전략 세미나를 개최합니다.

**수정한 글 / 마침표로 문장 나누기**
당사에서는 광고 전략 세미나를 개최합니다. 인터넷을 활용한 홍보 업무 지원에 관하여 설명할 예정입니다.

# 비교할 때는 같은 품사를 사용한다

이렇게 정리하고 늘어놓으면 한눈에 쏙 들어온다

무언가를 비교하거나 대조할 때는 품사와 의미 단위로 묶어서 정리하자. 품사란 동사, 형용사, 부사, 명사 등 기능과 형태, 의미에 따라 단어를 분류한 것이다. 또 의미 단위란 '하나의 뜻을 이루는 어구'를 가리키는 말이다. 비교나 대조를 할 때 품사와 의미 단위로 묶어서 쓰지 않으면 읽기 어렵고 이해도도 떨어진다.

### 잘못 쓴 글 1
독서 습관이 있는 아이는 집중력이 높고 별로 책을 읽지 않는 아이는 집중하지 못한다.

**수정한 글**
독서 습관이 있는 아이는 집중력이 높고 독서 습관이 없는 아이는 집중력이 낮다.

**잘못 쓴 글 2**
건강을 유지하려면 깊은 수면을 취하는 것과 균형 잡히게 먹고 적당히 몸을 움직이는 습관이 중요하다.

**수정한 글**
건강을 유지하려면 깊은 수면, 균형 잡힌 식사, 적당한 운동을 빼놓을 수 없다.

 잘못 쓴 글 1과 그 문장을 수정한 글의 차이점을 정리해 보자. 수정한 글이 읽기 쉬운 이유는 품사와 의미 단위로 묶어서 썼기 때문이다.

**잘못 쓴 글 1 분석**

독서 습관이 있는 아이 ⇔ 별로 책을 읽지 않는 아이

집중력이 높다 ⇔ 집중하지 못한다

**수정한 글 분석**

독서 습관이 있는 아이 ⇔ 독서 습관이 없는 아이

집중력이 높다 ⇔ 집중력이 낮다

잘못 쓴 글 2도 분석해 보자.

**잘못 쓴 글 2 분석**

깊은 수면을 취하는 것 ⇔ 균형 있게 먹고 ⇔ 적당히 몸을 움직이는 습관

**수정한 글 분석**

깊은 수면 ⇔ 균형 잡힌 식사 ⇔ 적당한 운동

같은 내용이라도 품사와 의미 단위로 묶어서 썼을 때가 훨씬 읽기 쉽고 한눈에 뜻을 파악할 수 있다.

**잘못 쓴 글 3**

몸 상태가 좋은 날은 하루에 1킬로미터를 6분 페이스로 달리지만, 컨디션이 나쁜 날은 그렇게 빨리 달리지 못한다.

**수정한 글**

몸 상태가 좋은 날은 1킬로미터당 6분 페이스로 달리지만, 몸 상태가 나쁜 날은 1킬로미터당 7분까지 속도가 떨어진다.

## 대조의 뜻을 지닌 같은 품사의 단어들

- 강하다 ⇔ 약하다
- 높다 ⇔ 낮다
- 크다 ⇔ 작다
- 많다 ⇔ 적다
- 멀다 ⇔ 가깝다
- 짙다 ⇔ 옅다
- 늘어나다 ⇔ 줄어들다
- 빠르다 ⇔ 느리다
- 무겁다 ⇔ 가볍다
- 확대 ⇔ 축소

- 깊다 ⇔ 얕다
- 전진 ⇔ 후퇴
- 성공 ⇔ 실패
- 비싸다 ⇔ 싸다
- 뛰어나다 ⇔ 뒤처지다
- 넓다 ⇔ 좁다
- 길다 ⇔ 짧다
- 있다 ⇔ 없다
- 밀다 ⇔ 당기다
- 밝다 ⇔ 어둡다
- 열다 ⇔ 닫다
- 늘다(증가) ⇔ 줄다(감소)
- 올라가다(상승) ⇔ 내려가다(하강)

# 어미만 살짝 바꿔도
# 의미가 크게 달라진다

—

문장의 뉘앙스를 정확히 전달하려면
어미를 신중히 선택해야 한다

글을 잘 쓰는 사람일수록 문장의 어미를 신중하게 고른다. 문장에 맞춰 적절하게 어미를 선택하지 않으면 쓰는 사람의 본뜻과 의도가 제대로 전달되지 않기 때문이다.

예를 들어 확실한 근거가 없는데도 '~이다'라고 단언하면 읽는 사람에게 잘못된 정보를 전달한다. 근거가 없다면 '~일지도 모른다', '~일 것이다' 등으로 써야 한다. 적절한 어미를 선택하는 능력은 글쓰기에서 매우 중요하다.

### 가고 싶지 않지만 거절할 수 없는 상황임을 전달하고 싶을 때

**잘못 쓴 글**
상사의 명령이라면 **가겠다.**

**수정한 글**
상사의 명령이라면 **가지 않을 수 없다.**
상사의 명령이라면 **가지 않으면 안 된다.**
상사의 명령이라면 **갈 수밖에 없다.**
상사의 명령이라면 **갈 필요가 있다.**
상사의 명령이라면 **가지 않겠다고 말할 수 없다.**

잘못 쓴 글처럼 '가겠다'라고 쓰면 '가고 싶지 않지만 거절할 수가 없다'는 어감은 전달되지 않는다. 글쓴이가 아무리 그런 의미를 담아서 말하려 노력했다고 해도 읽는 사람에게 전달되지 않으면 소용없다. 핵심은 '표현하는 데' 있지 않고 읽는 이에게 확실하게 '전달하는 데' 있다.

수정한 글에 나오는 문장들은 '가고 싶지 않다고 해서 거절할 수는 없다'라는 어감이 잘 담겨 있다. 물론 위의 예문 외에도 적절한 어미가 더 있을 수 있다. 표현 방법은 다양하기 때문에 정답은 하나가 아니다. 그때마다 본뜻과 의도를 가장 정확하게 반영하는 어미를 선택하자.

물론 가장 기본은 쓰는 사람 자신이 전체 윤곽을 파악하고 있어야 미세한 어감을 잘 전달할 수 있다. 그런 의미에서 사실을 묘사하는 글이든 감정을 묘사하는 글이든, 애매한 상태에서 쓰면 안 된다.

다음은 다양한 어미의 예시다. 보는 것처럼 어미만 살짝 바꿔도 의미가 크게 달라진다. 글 쓰는 사람의 본뜻과 의도를 정확하게 전달할 수 있는 어미를 알맞게 사용하자.

### 다양한 어미의 사례

- 불경기의 영향**이다**.
- 불경기의 영향**이겠죠**.
- 불경기의 영향 **때문이다**.
- 불경기의 영향 **외에 달리 없다**.
- 불경기의 영향**임이 분명하다**.
- 불경기의 영향**이라고 말할 수밖에 없다**.
- 불경기의 영향**이라 할 수 있다**.

- 불경기의 영향 그 자체다.
- 불경기의 영향일지도 모른다.
- 불경기의 영향으로 추측된다.
- 불경기의 영향일 가능성이 크다.
- 불경기의 영향인 듯하다.
- 불경기의 영향이라고 생각한다.
- 불경기의 영향일 것 같다.
- 불경기의 영향이라는 생각에서 벗어날 수 없다.
- 불경기의 영향이 아닐까?

# 전문 용어와 어려운 말은 쓰지 않는다
―
누구나 아는 쉬운 단어로 쓰는 것이 진짜 능력이다

한 기자가 영국의 문호 서머싯 몸Somerset Maugham에게 말년에 가장 즐거웠던 일이 무엇이었는지 물었다. 그는 이렇게 대답했다고 한다. "전쟁에 나간 한 병사가 팬레터를 보내주었는데, 내 소설을 읽을 때는 사전을 한 번도 찾지 않아도 되어서 좋았다고 써준 일이라오."
― 2007년 4월 3일자 아사히 신문 칼럼 중에서

이 이야기의 본질은 '누구나 알 수 있는 단어의 소중함'이다. 전문 용어는 해당 분야에서 일하지 않는 사람은 이해할 수 없다. 또 신조어, 한자어, 외래어, 관용구처럼 어려운 단어와 읽는 사람에게 친숙하지 않은 단어도 마찬가지로 이해하기 어렵다. 글 쓰는 사람 중에 전문 용어나 난해한 단어 쓰기에 열을 올리는 이가 적지 않은데 읽는 사람은 그만큼 스트레스를 받는다. 자신이 이해할 수 있으니 읽는 사람도 이해해 주리라는 믿음은 잘못된 생각이다. 쓰는 사람과 읽는 사람의 지식 수준과 이해 수준은 다르다. '사람들이 이 말을 알까?' 하고 불안할 때는 망설이지 말고 쉬운 단어나 표현으로 바꾸자. 중학생도 이해할 수 있는 단어를 쓰겠다고 마음을 먹는다면 분명히 전문 용어와 어려운 단어의 사용은 줄어들 것이다.

**잘못 쓴 글 1**

2시간마다 체위 변경을 하면 욕창 예방 효과가 있다.

**수정한 글**

2시간마다 몸의 방향을 바꾸면 짓무름을 예방하는 효과가 있다.

첫 번째 문장은 '체위 변환'과 '욕창'이라는 용어를 사용했다. 두 번째 문장은 각각 '몸의 방향을 바꾸다'와 '짓무름'이라는 쉬운 단어로 바꿔서 표현했다.

**잘못 쓴 글 2**
이대로 가면 지부 간 연대 불능이 발동하여 조직원의 정신적 기축이 붕괴할 우려가 있다.

**수정한 글**
이대로 가면 지부 사이에 연대가 이루어지지 않아 조직원이 불안을 느낄 우려가 있다.

첫 번째 예문은 '지부 간 연대 불능이 발동하다'와 '조직원의 정신적 기축 붕괴'라는 '알 듯하면서도 모르는' 단어를 늘어놓았다. 하지만 수정한 문장은 '지부 사이에 연대가 이루어지지 않아'와 '불안을 느낀다'로 알기 쉽게 고쳤다.

# 같은 표현을 반복해서 사용하지 않는다

중복되는 표현은 진부하고 집요하게 느껴진다

같은 단어와 표현을 몇 번씩 반복해서 사용하면 '집요하고 진부하게' 느껴진다. 읽는 사람이 그렇게 느끼면 모처럼 애써 쓴 글이 아무 소용이 없게 된다. 같은 단어가 반복해서 나오면 하나를 삭제하거나 표현을 바꿀 수 없는지 검토하자.

**잘못 쓴 글 1**
주말에 드라이브를 즐겼다. 바닷길을 따라 펼쳐지는 장대한 풍경을 즐길 수 있었다.

**수정한 글**

주말에 드라이브를 즐겼다. 바닷길을 따라 펼쳐지는 장대한 풍경을 만끽할 수 있었다.

첫 번째 예문은 첫 번째 문장에 '즐겼다'를 썼는데, 두 번째 문장에도 '즐길 수 있었다'라고 썼다. 즐긴 이유를 쓴 두 번째 문장에서까지 '즐길 수 있었다'라고 쓸 필요는 없다.

**잘못 쓴 글 2**

하고 싶은 일이 있다면 하고 싶은 일을 하면 된다. 하고 싶은 일을 하지 않고 살 정도로 인생은 길지 않다.

**수정한 글**

하고 싶은 일이 있다면 하면 된다. 하고 싶은 일을 참고 살 정도로 인생은 길지 않다.

잘못 쓴 글 2는 '하고 싶은 일'이 세 번 반복된다. 더 자세히 보면 '하고 싶은→ 하고 싶은→ 하면→ 하고 싶은→ 하지 않고'와 같이 비슷한 단어가 다섯 번 등장한다. 독자는 이런 글을 '같은 표현이 지나치게 반복된다'고 느낀다. 수정한 글은 두 번째 나오는 '하고 싶은 일'을 삭제하고 '하지 않고 살다'를 '참고 살다'로 바꾸었다. 그러자 지나치게 반복된다는 느낌이 사라졌다.

다만, 만약 단어를 삭제해서 의미가 잘 전달되지 않을 경우 그때는 안 고친 것만 못한 개악이 된다. 반복되는 표현을 없애서 읽기 쉬워지거나 읽는 사람의 이해도가 올라간다고 판단될 때 수정을 검토하자.

**잘못 쓴 글 3**

그 의견은 나쁜 의견은 아니다.

**수정한 글**

그 의견은 나쁘지 않다. / 그것은 나쁜 의견은 아니다.

**잘못 쓴 글 4**

만약 이 영화가 마니아층을 겨냥한 영화라고 해도

**수정한 글**

만약 이 영화가 마니아층을 겨냥했다 하더라도


**잘못 쓴 글 5**

저희 호텔 레스토랑은 제철 식재료를 사용한 창작요리를 맛볼 수 있는 레스토랑입니다.


**수정한 글**

저희 호텔 레스토랑에서는 제철 식재료를 사용한 창작요리를 맛볼 수 있습니다.


**잘못 쓴 글 6**

수면의 중요성은 부모님에게 배웠다. 부모님은 수면을 매우 중요하게 생각하셔서 항상 나에게 최소한 7시간은 수면하라고 말씀하셨다.


**수정한 글**

수면의 중요성은 부모님에게 배웠다. 두 분은 수면 효과를 잘 이해하고 계셔서 항상 나에게 최소한 7시간은 자라고 말씀하

셨다.

다음은 사람들이 자주 사용하는 '중복 표현'이다. 표현을 이중으로 사용하면 문장이 지루해지니 일반적으로는 사용하지 않는 편이 좋다.

### 피해야 하는 중복 표현

- 평소에 상비한다 → 상비한다 / 평소에 가지고 다닌다
- 필수로 필요하다 → 필요하다 / 필수다
- 아직도 미해결이다 → 미해결이다
- 이어서 계속하다 → 계속한다
- 나중에 후회한다 → 나중에 깨닫는다 / 후회한다
- 우선 처음으로 → 우선 / 처음으로
- 색이 변색했다 → 변색했다 / 색이 변했다
- 내정이 결정되었다 → 내정되었다
- 수주를 받다 → 수주하다 / 주문을 받다
- 가장 베스트 → 가장 / 베스트
- 각 지역마다 → 각 지역 / 지역마다
- 기대하며 기다린다 → 기대한다

- 분명히 단언하다 → 분명히 말하다 / 단언하다
- 차에 승차하다 → 승차하다 / 차에 타다
- 생각지도 못한 해프닝 → 생각지도 못한 사건 / 해프닝
- 여분의 군살 → 여분의 살 / 군살
- 제조 메이커 → 제조업자 / 메이커
- 해결되지 않은 현안 → 해결되지 않은 문제 / 현안
- 첫 데뷔 → 데뷔
- 마지막 라스트 장면 → 마지막 장면 / 라스트 신
- 피로연 파티 → 피로연
- 평균 애버리지 → 평균 / 애버리지
- 원래부터 → 원래
- 진척이 진행되다 → 진척되다
- 가장 최근에 → 최근에
- 따뜻한 온정 → 온정
- 새로운 신제품 → 신제품 / 새로운 제품
- 낙엽이 떨어지다 → 낙엽이 지다
- 박수를 치다 → 손뼉을 치다

하지만 중복 표현 중에는 쓰지 않으면 오히려 어색할 때도

있다. 다음은 아예 관용구로 정착한 말들이다.

### 관용구로 정착된 중복 표현 단어들

- 과반수 이상
- 가장 최초 / 가장 최후
- 마지막 최종 수단
- 범죄를 범하다
- 피해를 입다
- 손가락으로 지적하다
- 유산을 남기다
- 선거전에서 싸우다
- 위를 올려다보다

# 다 쓴 문장은
# 반드시 고치고 다듬는 과정을 거친다
―

문장의 불필요한 군더더기를 덜어내는 다섯 가지 방법

잘 만든 영화나 텔레비전 프로그램일수록 '편집'에 힘을 기울인다. 군더더기를 말끔히 덜어내면 내용이 깊어지기 때문이다. 글도 마찬가지다. 손이 가는 대로 쓴 글은 편집하지 않은 영화와 같다. 그런 글은 내용에 깊이가 부족할 뿐만 아니라 지루하고 답답하게 느껴지기 쉽다.

열정적으로 단숨에 써내려간 문장을 냉정하게 검토할 때 거쳐야 할 과정이 바로 '문장 다이어트'다. 문장 다이어트란 '불필요한 군더더기를 덜어내고 문장을 깔끔하게 다듬는 작업'이다. 영화로 말하면 편집 작업이다.

**잘못 쓴 글**

이번 작품은 '안티 자기희생'이라는 테마가 기발해서 재미있었다. 한편 연출은 기존 작품에서 느꼈던 뛰어난 예리함을 찾을 수 없었다. 침묵이 더 많은 말을 한다고 할까. 테마는 좋은데 연출이 예리하지 않았다. 기본적으로 다음 작품에서 부활하기를 기대해 볼까 한다.

**수정한 글**

이번 작품은 '안티 자기희생'이라는 테마가 기발해서 재미있었다. 한편 연출은 기존 작품에서 느꼈던 예리함을 찾을 수 없었다. 다음 작품에서 부활하기를 기대한다.

첫 번째 예문의 '침묵이 더 많은 말을 한다고 할까'는 앞뒤 문맥과 관련이 없다. 비유를 잘못 선택하지 않았을까 싶다. 또 '테마는 좋은데 연출이 예리하지 않았다'는 앞서 한 말의 반복이다. 더불어 '뛰어난 예리함'은 뛰어남을 빼도 충분하고, '기본적으로'는 특별한 뜻이 없다. '기대해 볼까 한다'는 '기대한다'라고 쓰면 통한다. 수정한 글은 군더더기를 아낌없이 덜어내어 장황하거나 지루하게 느껴지지 않는다.

그러면 '문장 다이어트의 다섯 가지 포인트'를 살펴보자.

**1. 주제와 관계없는 내용은 쓰지 않는다**

여담으로 쓴다면 몰라도 본문과 관계없는 문장이나 단어는 삭제한다. '침묵이 더 많은 말을 한다고 할까' 부분은 객관적으로 판단할 때 주제와 관련이 없다.

**2. 비슷한 표현을 반복하지 않는다**

강조할 목적이 아니라면 삭제한다. '테마는 좋은데 연출이 예리하지 않았다'는 앞에서 나온 문장과 비슷한 표현이 반복된 예시다.

**3. 불필요한 부사와 형용사는 뺀다**

불필요한 부사나 형용사는 '지나친 과장'으로 받아들일 수 있다. '뛰어난 예리함'에서 '뛰어난'이 바로 그 좋은 예다. '예리하다'만 있어도 충분하다.

**4. 늘어지는 어미를 피한다**

'~라고 한다', '~라고 하는 것', '~하기로 한다' 같은 표현을 사용하면 읽는 사람에게 지루한 인상을 줄 수 있다. '기대해 볼까 한다'에서 '해볼까'를 삭제해도 뉘앙스는 충분히 전달된다.

### 5. 의미 없는 단어는 삭제한다

'의미가 있는 듯 없는 듯한 단어'는 삭제한다. 그저 '맛있다'라고 쓰면 될 때 '어떤 의미에서 맛있다'라고 쓰면 헷갈린다. '기본적으로 다음 작품에서~'의 경우 '기본적으로'도 그러하다. 습관이나 버릇처럼 쓰는 어휘가 있다면 특히 주의하자.

※ 바로 이 문장에도 불필요한 말이 있다. '버릇'은 '습관'의 일부분이라 함께 쓸 필요가 없다. '습관이나'를 삭제하면 한층 깔끔해진다.

칼럼 1
# 문장 다이어트 연습

특별한 목적이 있는 경우가 아니라면 '군더더기'와 '반복 사용한 표현'은 삭제하자. 그러면 문장이 깔끔하게 완성되어 읽는 사람에게 내용이 쉽게 전달된다.

판매를 고려해 볼까 생각 중이다. (X)
판매할까 생각 중이다. (O)

반대한다고 말할 수는 없다. (X)
반대하지 않는다. (O)

인원이 늘어 간다면 비용도 늘어 간다. (X)
인원이 늘면 비용도 는다. (O)

모두가 모인 자리에서 보고하고 싶다고 생각한다. (X)
모두가 모인 자리에서 보고하겠다. (O)

과장님께 전하도록 하겠습니다. (X)

과장님께 전하겠습니다. (O)


결과를 겸허히 받아들이도록 노력하지 않을 수 없습니다. (X)

결과를 겸허히 받아들이겠습니다. (O)

제2부

쉼표에서 접속사, 대화체까지
문장을 다듬을 때
활용할 수 있는 표현 도구들

# 쉼표,
# 바르게 사용하면 약, 잘못 사용하면 독

쉼표 위치 하나로 의미가 확 달라진다

쉼표는 어떻게 쓰면 좋을까? 글에 리듬을 느낄 수 있도록 자유롭게 쓰면 될까? 아니, 전혀 그렇지 않다. 왜냐하면 쉼표를 어디에 쓰느냐에 따라 문맥이 크게 달라지기 때문이다. 쉼표를 쓸 때의 원칙은 '의미를 생각하며 쓰기'다.

**잘못 쓴 글 1**
아들은 서둘러 내가 부탁한 일을 도와주었다.

**수정한 글 1**

아들은, 서둘러 내가 부탁한 일을 도와주었다.


**수정한 글 2**

아들은 서둘러, 내가 부탁한 일을 도와주었다.


첫 예문에서는 서두른 사람이 나인지 아들인지 알 수 없다. 둘 다 가능하기 때문이다. 내가 서둘렀다고 쓰려면 수정한 글 1처럼 쓰고, 아들이 서둘렀다고 쓰려면 수정한 글 2처럼 써야 한다. 단, 수정한 글 모두 최고의 상태라고 할 수는 없다. 아래처럼 배열 순서를 바꾸면 더 읽기 편한 글이 된다.


**수정한 글 1을 재수정**

내가 서둘러 부탁한 일을, 아들이 도와주었다.


**수정한 글 2를 재수정**

내가 부탁한 일을, 아들이 서둘러 도와주었다.


이렇게 수정하자 읽는 사람이 내용을 오해할 확률이 줄어

들었다. 다만 쉼표 위치를 바꾸고 배열을 달리해도 여전히 정확하게 이해하기 어렵다면 이때에는 마침표를 찍어서 아예 문장을 나누자.

**재수정한 글 1을 마침표로 나누기**
나는 서둘러 아들에게 도와 달라고 부탁했다. 그러자 아들이 도와주었다.

**재수정한 글 2를 마침표로 나누기**
내가 아들에게 도와 달라고 부탁했다. 그러자 아들은 서둘러 도와주었다.

그 밖에 쉼표와 마침표를 사용하지 않고 따옴표를 사용해서 해결할 수도 있다.

**잘못 쓴 글 2**
부장님은 최선을 다해 현장을 지휘하는 행사 담당자를 도와주었다.

**수정한 글 1**

부장님은 '최선을 다해 현장을 지휘하는 행사 담당자'를 도와주었다.

**수정한 글 2**

부장님은 최선을 다해 '현장을 지휘하는 행사 담당자'를 도와주었다.

잘못 쓴 문장은 최선을 다하는 사람이 부장인지 행사 담당자인지 분명하지 않다. 최선을 다해 일하는 사람이 행사 담당자라면 수정한 글 1처럼 따옴표를 사용하고, 열심히 일하는 사람이 부장이라면 수정한 글 2처럼 쓰면 된다.

쉼표를 사용할 때는 '의미를 생각하며 쓰기'라는 큰 원칙 외에도 다음의 여덟 가지 포인트를 기억해 두어야 한다.

## 쉼표를 사용하는 8가지 경우

- 긴 주어 뒤에 쓴다.

역 앞에 완공된 대형 쇼핑몰은, 4월 6일에 오픈한다.

- 문장 맨 앞에 오는 접속사나 부사 뒤에 쓴다.

따라서, 팀에 소속될 필요가 있다.

한마디로, 노력이 부족했던 것은 아니다.

- 접속 조사(둘 이상의 단어나 구 등을 같은 자격으로 이어주는 구실을 하는 조사) 뒤에 쓴다.

최선을 다해 다이어트를 했지만, 체중은 줄어들지 않았다.

- 조건, 이유, 원인을 나타내는 어구 뒤에 쓴다.

아침에 일어나면, 출발하자.

공부는 했는데, 자신이 없다.

- 시간이나 장면이 바뀌는 곳에 쓴다.

새로운 아이디어를 내자, 상대의 표정이 갑자기 부드러워졌다.

- 문장, 절, 구, 단어 등 복수의 정보를 늘어놓을 때 쓴다.

책을 읽고, 그림을 그리고, 산책했다. 그렇게 휴일을 보냈다.

기발한 상상력, 압도적인 행동력이 그의 장점이다.

- 따옴표 대신에 사용한다.

경기는 반드시 회복된다, 라고 평론가가 단언했다.

- 독립어(문장의 다른 요소와 밀접한 관계없이 독립적으로 쓰는 말) 뒤에 쓴다.

아니요, 이번에는 가지 않습니다.

여보세요, 제 말 들리세요?

# 접속사, 넣을까 뺄까?

―

불필요한 접속사는 문장을 억지스럽게 만든다

읽기 쉽고 단숨에 이해되는 글을 쓰려면 '문장과 문장을 연결하는 접속사'를 적절하게 사용할 필요가 있다. 그렇다고 지나치게 많이 사용하면 억지스럽고 딱딱한 글이 되기 쉽다. 없어도 무리 없이 문맥이 전달되는 경우에는 접속사를 빼는 것도 검토하자.

**잘못 쓴 글**

그는 매우 꼼꼼한 성격이다. 따라서 업무도 완벽하게 처리한다. 그러나 이따금 어처구니없이 실수를 저지를 때도 있다. 즉,

지나치게 열심히 하려다가 시야가 좁아지는 건지도 모른다.

**수정한 글**

그는 매우 꼼꼼한 성격이다. 업무도 완벽하게 처리한다. 그러나 이따금 어처구니없이 실수를 저지를 때가 있다. 지나치게 열심히 하려다가 시야가 좁아지는 건지도 모른다.

첫 번째 예문은 접속사를 '따라서, 그러나, 즉' 총 3개 사용했다. 하지만 억지스러워 보이고 문맥에도 맞지 않아 부자연스럽게 느껴진다. 수정한 글은 없어도 뜻이 통하는 '따라서'와, 문맥에 맞지 않는 '즉'을 삭제했다. 그러자 흐름도 좋아지고 의미도 쉽게 전달된다.

다양한 접속사 중에서도 남겨두는 편이 좋은 대표적인 것은 '그러나, 그런데, 다만, 그렇지만' 등 글의 흐름을 거꾸로 뒤집는 '역접 접속사'다. 반면 삭제해도 의미가 통할 때가 많은 접속사로는 '그래서, 그리고, 그러고 나서, 그러니까, 또' 등이 있다.

물론 접속사를 사용해서 글이 논리적이고, 이해도가 늘어나고, 리듬도 좋아지고, 극적 연출이 가능해지는 등 특정 효과를 얻을 수 있을 때는 남겨두는 편이 좋다. 접속사의 역할을 정확히 이해하여 취사선택하는 능력을 익히면 '의도가 명확히 전달되는 글'을 쓸 수 있다.

### 주요 접속사 종류

- **병렬**

    또 / 혹은 / 및 / 또한

- **순접**

    그러니까 / 그래서 / 따라서 / 그리하여

    그런 이유로 / 그리고 / 그 때문에

    그러자 / 그렇다고 하면

- **역접**

    그러나 / 하지만 / 그래도 / 그런데

    그렇다고 해도 / 그렇지만

    반대로 / 역으로

    그럼에도 불구하고 / 그러기는커녕

- **첨가**

    게다가 / 더구나 / 그 외에 / 그 밖에도

    덧붙이면 / 그러고 나서 / 그 후에 / 참고로 / 아울러

- **비교**

    한편 / 반면 / 대신에

- **선택**

    혹은 / 아니면 / 또는 / 그렇지 않으면 / 내지는

- **바꾸어 말하기**

    즉 / 따라서 / 한마디로 / 바꿔 말하면

    솔직하게 말하면 / 이른바

- **설명**

    왜냐하면 / 이유를 말하자면

- **예시**

    예를 들자면 / 한 예시로

- **화제 전환**

  그런데 / 다음으로 / 하여간 / 여하튼

  그건 그렇고 / 이번에는 / 그건 일단 접어두고

  어찌 되었든 / 그러고 보니

# 따옴표,
# 적절히 활용하면 뜻밖의 이득이 된다
—

읽는 사람의 시선을 집중시킬 때 효과적이다

따옴표는 대화문에서만 사용한다고 생각하는 사람이 많다. 하지만 아래처럼 의도적으로 사용할 수도 있다.

- 단어를 강조하고 싶을 때
- 의미 단위를 명확하게 하고 싶을 때

**예문 1**

달러나 유로 등 외국 통화와 비교해 엔화의 가치가 낮아질 때 엔화 약세라고 한다. 한편 외국 통화와 비교해 엔화의 가치가 높아지면 엔화 강세라고 말한다.

**수정한 글**

달러나 유로 등 외국 통화와 비교해 엔화의 가치가 낮아질 때 '엔화 약세'라고 한다. 한편 외국 통화와 비교해 엔화의 가치가 높아지면 '엔화 강세'라고 말한다.

두 글은 엔화 약세와 엔화 강세를 설명한 글이다. 예문 1은 따옴표를 사용하지 않았고 수정한 글은 비교 대상인 엔화 약세와 엔화 강세에 따옴표를 붙였다. 여기서 따옴표의 용도는 '단어의 강조'에 해당한다. 따옴표를 적절히 사용하자 읽기 쉽고 비교 대상도 명확해졌다.

**예문 2**

사회적 성공이 곧 행복이라는 발상은 지나치게 얕은 생각이다.

**수정한 글**

'사회적 성공이 곧 행복'이라는 발상은 지나치게 얕은 생각이다.

예문 2와 수정한 글의 차이는 따옴표뿐이다. 따옴표가 없는 예문 2는 행복이 곧 무엇인지 한눈에 들어오지 않는다. 반면 따옴표를 사용한 글은 '사회적 성공이 곧 행복'이라고 한눈에 보인다. 이때의 따옴표는 '단어의 강조'와 '의미 구분'을 겸해서 사용했다. 따옴표를 붙인 부분에 읽는 사람의 시선(=의식)이 자연스럽게 집중된다. 따라서 강조하거나 구분하는 효과가 생긴다.

이 책에서도 다음과 같이 따옴표를 활용했는데 모두 '단어의 강조' 용도로 사용했다.

- 내용이 전달되지 않는 글을 쓰는 사람이 자주 저지르는 실수가 '설명 부족'이다.
- 내용이 '오락가락하는 글'을 쓰지 않으려면 같은 정보끼리, 관련성이 깊은 사건끼리 묶어서 써야 한다.
- 의미 단위란 '하나의 뜻을 이루는 어구'를 가리키는 말이다.
- 글을 쓸 때 '사실'과 '의견'은 바르게 구별하자.

따옴표와 괄호는 영화, 방송 프로그램, 음악 등의 제목을 표시할 때도 사용한다. '저출산과 가구당 수입의 관계'처럼 논문 제목에도 사용할 수 있다. 단행본이나 정기 간행물의 제목은 겹낫표(『 』)나 겹화살괄호(《 》)를 사용한다. 예를 들어 무라카미 하루키의 『기사단장 죽이기』처럼 말이다. 바르게 구별하여 사용하자.

# 의성어와 의태어라는
# 오묘한 도구를 활용한다

—

현장감 있는 동영상 같은 문장을 만들 수 있다

글이 영상보다 전달력이 약한 이유 중 하나는 시각과 청각 정보가 부족한 점을 들 수 있다. 글의 이러한 약점은 의성어와 의태어로 보완할 수 있다. 의성어와 의태어는 사람의 목소리를 포함한 온갖 소리부터 시작해서 사람의 내면, 진심, 태도 등을 '현장감 있는 영상'처럼 전달할 수 있는 편리한 도구다. 특히 이야기와 실화를 소개할 때 적절하게 사용하면 현장에 있는 것 같은 생생함을 전할 수 있다.

### 의성어: 사람이나 사물의 소리를 흉내 낸 말

- 톡톡, 똑똑, 쾅, 쪼록, 쨍그랑, 텅텅
- 꽈당, 서걱서걱, 우당탕, 딸랑
- 킬킬, 짹짹, 맴맴, 으앙, 와아
- 달칵달칵, 깔깔, 철썩철썩, 빵빵 등

### 의태어: 사람이나 사물의 모양이나 움직임을 흉내 낸 말

- 히죽히죽, 말똥말똥, 우물쭈물
- 두근두근, 끈적끈적, 질퍽질퍽
- 팽팽, 반짝반짝, 대굴대굴, 머뭇머뭇 등

**예문 1**

그 이탈리아 자동차를 보는 순간 온몸에 전율을 느꼈다.

**수정한 글**

그 이탈리아 자동차를 보는 순간 찌리릭 하고 온몸에 전율을 느꼈다.

**예문 2**

한 살짜리 딸아이가 일어나 걷기 시작했다. 아빠는 걱정스러운 표정으로 지켜보았다.

**수정한 글**

한 살짜리 딸아이가 일어나 뒤뚱뒤뚱 걷기 시작했다. 아빠는 조마조마한 마음으로 지켜보았다.

예문 1과 예문 2는 의성어와 의태어를 사용하지 않고 썼다. 무엇을 말하고자 하는지 의미는 전달되지만 생생하게 전해진다고 말하기는 어렵다. 하지만 '찌리릭', '뒤뚱뒤뚱', '조마조마' 같은 의성어, 의태어를 사용하여 글을 고치자 생생함이 한층 살아났다.

**예문 3**

수증기가 많이 피어올라서 안경이 뿌옇게 변했다.

**수정한 글**

모락모락 수증기가 피어올라 안경이 뿌옇게 변했다.

**예문 4**

많은 사람이 몰려 들어와 나는 노트를 감추었다.


**수정한 글**

우르르 많은 사람이 몰려 들어와 나는 휙 하고 노트를 감추었다.


**예문 5**

그 남자는 자리에 앉자마자 맥주를 단숨에 들이켰다.


**수정한 글**

그 남자는 털썩 자리에 앉자마자 맥주를 벌컥벌컥 단숨에 들이켰다.


　의성어, 의태어에는 '두근두근 설레는 마음'과 같은 상투적인 문구도 적지 않지만 정형화된 표현에 매달릴 필요는 없다. '덜커덩 하고 그가 넘어졌다', '스마트폰이 우드드득 하고 울렸다'처럼 독창적인 의성어와 의태어를 사용해도 좋다. 조금 과장되게 연출하는 편이 현장에 있는 느낌을 훨씬 생생하게 전달할 수 있다. 의성어와 의태어 센스를 갈고닦다 보면 자신도 모르게 창작 실력이 올라갈 것이다.

# 문장을 애매하게 만들지 않으려면 숫자와 고유명사를 활용한다

애매한 단어보다 구체적인 단어가 훨씬 효과적이다

글의 목적이 잘 전달되게끔 쓰는 사람일수록 추상적이고 애매한 단어보다 '구체적인 단어'를 사용한다. 문장을 구체적으로 쓰는 방법 중 하나가 숫자와 고유명사를 활용하는 것이다. 숫자와 고유명사는 '궁극의 구체화'라고 할 수 있다.

**잘못 쓴 글 1**
그것의 반입 일정을 며칠 연기합니다.

**수정한 글**

신상품 'JOUBU'의 반입 일정을 다음주 수요일인 10일로 연기합니다.

첫 예문에서는 '그것의', '며칠' 등 애매한 단어를 사용했다. 읽는 사람에게 '그것은 무엇을 말하는 걸까?', '며칠이라면 얼마 후를 말하는 거지?'라는 의문이 든다면 그 문장은 잘못된 것이다. 수정한 글에서는 '신상품 JOUBU'라고 명칭을 밝히고 '다음주 수요일인 10일'이라고 고유명사와 숫자로 바꿔 썼다. 이 문장을 읽는 사람은 정확한 내용을 몰라 고개를 갸웃하거나 오해할 일이 없을 것이다.

**잘못 쓴 글 2**

실내 온도와 습도가 낮을 때 캔 뚜껑을 열어둔 채 방치하지 마세요.

**수정한 글**

실내 온도 20℃ 이하, 습도 30퍼센트 이하일 때 캔 뚜껑을 열어둔 채 1분 이상 내버려두지 마세요.

먼저 나온 예문에는 '실내 온도와 습도가 낮을 때'라고 애매하게 표현했다. 또 '열어둔 채 방치하지 말라'고 썼으나 얼마나 오랫동안 열어두어야 방치가 되는 것인지 읽는 사람이 파악하기는 어렵다. 반면 수정한 글은 '실내 온도 20℃ 이하, 습도 30퍼센트 이하일 때'라고 구체적으로 제시했으며, 단순히 '열어둔 채'가 아니라 '1분 이상'이라고 표현을 추가했다. 덕분에 훨씬 이해하기 쉬운 글이 되었다.

### 문장을 〈애매하게〉 만들기 쉬운 부사와 형용사

- 대단하다, 멋있다, 아름답다, 맛있다
- 든든하다, 지루하다, 재밌다, 이상하다
- 상냥하다, 위대하다, 위험하다, 새롭다, 낡았다
- 밝다, 어둡다, 덥다, 춥다, 크다, 작다
- 비싸다, 싸다, 높다, 낮다, 길다, 짧다
- 빠르다, 느리다, 넓다, 좁다
- 많이, 무척, 매우, 훨씬, 꽤, 뚜렷이
- 극히, 뜻밖에, 한참, 대단히, 제법, 부쩍
- 몹시, 상당히, 굉장히, 한참, 금방
- 가끔, 어쩌다, 한동안, 그럭저럭, 어느 정도

그렇다고 이러한 단어를 절대 사용하면 안 된다는 뜻은 아니다. 얼마나 구체적으로 쓸 것인지는 예상 독자와 주요 독자층이 누구인지, 그들의 내용 파악 능력이 어느 정도인지에 따라 달라진다. 상황에 따라 오히려 구체적으로 쓰지 않는 편이 더 좋을 때도 있다. 하지만 비즈니스 글처럼 정확한 정보, 의견, 메시지를 전달해야 하는 상황에서 애매한 단어를 사용하면 오히려 오해를 살 수 있다. 그럴 때는 숫자와 고유명사로 바꾸어 구체적으로 쓰도록 하자.

### 숫자와 고유명사 예시

- **숫자**

70퍼센트, 10g, 시속 55km, 5일간

10m, 45°C, 10시 30분, 12개, 여덟 곳

5만 5천 원, 120장, 5개 회사, 3월 3일 등

- **고유명사**

이름, 책 제목, 지명, 건물명, 역 이름

상품 및 서비스 명칭, 회사명, 시설명, 가게 이름

직위, 직책, 교통 기관명, 기능 명칭, 작품명, 프로젝트 명칭 등

# 이중부정은
# 사용하기에 따라 양날의 검이다
—
겸손하지만 회피성 표현이기도 하다

'하지 않을 이유가 없다'와 같이 부정어가 두 번 겹치는 표현을 '이중부정'이라고 한다. 이중부정은 부정을 부정하였으니 긍정이라고 단순히 말할 수는 없다. 왜냐하면 강조하거나 완곡하게 표현할 때 사용하여 '에둘러 말하는 긍정' 혹은 '부정에 가까운 긍정'을 나타내는 표현으로, 미묘한 뉘앙스를 담고 있기 때문이다.

이중부정의 좋은 면을 보자면 섬세하고 겸손한 표현이라는 점이다. 또 소설이나 수필을 쓸 때 감정을 표현하는 무기가 되기도 한다.

하지만 다른 한편으로는 애매하고, 결론이 없고, 회피성 글로 받아들여지기도 한다. 무의식적으로 이중부정을 자주 사용하는 사람은 명확성을 요구하는 비즈니스 글을 쓸 때 특히 주의해야 한다. 어쩌면 습관적으로 그와 같은 표현을 사용하는 경우 그 습관을 고치려면, 책임을 회피하려는 '자기 보호 본능'에 칼을 대야 할 수도 있다.

**예문 1**
전직을 전혀 생각하지 않는 것은 아니다.

**수정한 글**
가끔 전직을 생각할 때가 있다.

예문 1의 이중부정 표현인 '생각하지 않는 것은 아니다'는 '적극적으로 하려고 생각하지 않는다'는 말로 '애매함'을 포함하고 있다. 이런 뉘앙스를 살려 글을 쓰고 싶다면 이렇게 써도 문제없다. 그러나 애매함보다 긍정적 태도나 명쾌함에 무게를 둔다면 수정한 글처럼 '가끔 생각할 때가 있다'라고 쓰는 편이 좋다.

**예문 2**

그의 아이디어가 채용되지 않으리라 단정할 수 없다.

**수정한 글**

그의 아이디어가 채용될지도 모른다.
그의 아이디어가 채용되어도 이상하지 않다.

예문 2의 '채용되지 않으리라 단정할 수 없다'라는 이중부정 표현도 결론을 피하려는 뉘앙스가 담겨 있다. 만약 글을 쓴 사람이 그의 아이디어를 긍정적으로 생각한다면, 수정한 글처럼 긍정문으로 쓰는 편이 읽는 사람에게 본래 뜻이 더 잘 전달된다.

다시 정리해서 말하면, 이중부정은 훌륭한 표현 수단이다. 다만, 사용할 때는 목적과 뉘앙스를 충분히 고려해야 한다. 무의식적으로 쓴다면 읽는 사람에게 무책임하거나 불성실하다는 이미지를 줄 수 있다.

비즈니스 글에서 이중부정 표현을 피하고 싶다면 다음처럼 '조건을 덧붙인 긍정문'으로 쓰는 방법도 있다.

**예문 3**

협력하지 않을 수 없다.

**수정한 글**

집에서 작업해도 된다면, 협력하겠다.

마감일을 4월 4일 이후로 잡아도 괜찮다면, 협력하겠다.

사진 소재를 제공해 준다면, 협력하겠다.

A사와 직접 연락하며 진행할 수 있다면, 협력하겠다.

# 친근한 느낌을 주고 싶을 때는 경어체를

심리적 거리를 두고자 할 때는 평어체로

글에는 경어체와 평어체가 있다. 먼저 둘의 차이점이 무엇인지부터 살펴보자.

### 경어체

- 부드러운 인상을 준다.
- 독자에게 심리적으로 가까이 다가간다.
- 편지나 메일, SNS로 대화할 때, 고객 또는 어린이를 상대할 때 적당하다.
- 조금은 장황하다.

- 어미가 단조롭다(~입니다, ~이겠죠, 아닙니다, 해주십시오 등).

### 평어체

- 차가운 인상을 준다.
- 간결하다.
- 독자와 심리적으로 거리가 있다.
- 논문, 논설, 실무적인 글에 적합하다.
- 어미가 풍부하다(~이다, ~일 것이다, ~하다, ~하리, ~이리라, ~거늘, ~겠소, ~어라 등).

문체로서 어느 쪽이 좋다 나쁘다를 가릴 수는 없다. 각각 장점과 단점이 있을 뿐이다. 둘을 섞어 쓰는 방법도 있지만 일반적으로 경어체나 평어체 중 하나로 통일한다.

### 예문

길을 걸으며 스마트폰을 사용하는 습관이 문제가 되고 있다. 넘어질 위험도 높고 다른 사람과 부딪치기도 쉽다. 길을 걸으면서 스마트폰을 사용하는 사람은 본인은 물론 다른 사람에게도 피해를 줄 수 있음을 자각해야 합니다.

**수정한 글 1(경어체로 통일)**

길을 걸으며 스마트폰을 사용하는 습관이 큰 문제가 되고 있습니다. 넘어질 위험도 크고 다른 사람과 부딪치기도 쉽습니다. 길을 걸으면서 스마트폰을 사용하는 사람은 본인은 물론 다른 사람에게도 피해를 줄 수 있음을 자각해야 합니다.

**수정한 글 2(평어체로 통일)**

길을 걸으며 스마트폰을 사용하는 습관이 큰 문제가 되고 있다. 넘어질 위험도 크고 다른 사람과 부딪치기도 쉽다. 길을 걸으면서 스마트폰을 사용하는 사람은 본인은 물론 다른 사람에게도 피해를 줄 수 있음을 자각해야 한다.

예문은 경어체와 평어체가 섞여 있다. 따라서 리듬이 나쁘게 느껴질 뿐만 아니라 어딘가 정리되지 않은 인상을 준다. 수정한 글 1처럼 경어체로 통일하거나 수정한 글 2처럼 평어체로 통일하는 편이 깔끔한 인상을 준다. 수정한 두 예문은 문체를 통일하여 고쳤는데 어느 쪽이 좋을지는 글의 목적이나 대상 독자에 따라 다르다. 부드러운 인상을 주어 많은 사람이 읽도록 확산하는 것이 목적이라면 첫 번째 글이 적합하고, 특정 사람을 대상으로 강하게 주장하고 싶다면 두 번째 글이 적당하다.

**경어체**
오늘 오랜만에 해안으로 드라이브를 갔습니다. 날씨도 좋고 기분도 상쾌했습니다. 내일부터 다시 힘차게 살 수 있을 것 같습니다.

**평어체**
오늘 오랜만에 해안으로 드라이브를 갔다. 날씨도 좋고 기분도 상쾌했다. 내일부터 다시 힘차게 살 수 있을 것 같다.

위의 예문과 같은 일기를 쓸 때 어느 쪽을 선택할지는 쓰는 사람 마음먹기에 달려 있다. 경어체 글은 친근한 인상을 주고 평어체 글은 차가운 인상을 준다. 나라면 독자에게 가까이 다가가는 친근한 분위기를 전달하고 싶을 때는 경어체를, 심리적으로 거리를 두고 싶을 때는 평어체를 쓰겠다. 당신이라면 어느 쪽을 선택할지 고민해 보기 바란다.

# 한자어는 딱딱한 인상을 줄 수 있다

'분할하다'와 '나누다' 중 어느 것이 좋을까

한자어는 중국에서 들어온 외래어고, 고유어는 각 언어에 본래부터 있던 것으로 오래전부터 자연스럽게 써온 말이다.

**한자어**

- 딱딱한 인상을 준다.
- 간결하다(차가운 인상을 줄 수 있다).
- 논문 등 권위 있는 글에 적합하다.

### 고유어

- 부드러운 인상을 준다.
- 표현이 풍부하다(단, 장황한 느낌을 줄 수 있다).
- SNS 등 친근함을 주는 글에 적합하다.

앞서 설명한 문체와 마찬가지로 고유어와 한자어도 글의 목적, 내용, 대상 독자, 상황에 맞춰 알맞게 사용하는 것이 가장 좋다. 한자어를 많이 써서 딱딱한 느낌이라면 고유어를 추가하여 부드러움을 준다. 고유어를 주로 써서 장황한 느낌이 든다면 한자어로 간결하게 정리하는 등 글 전체의 균형을 생각하며 조절하는 것이 이상적이다.

**예문 1(한자어를 많이 사용)**
지퍼가 파손되어 트렁크 개폐가 불완전하다. 수리가 불가능한 경우에는 오늘 중에 신품을 구매할 필요가 있다.

**예문 2(고유어를 많이 사용)**
지퍼가 망가져서 트렁크를 끝까지 열고닫을 수가 없다. 고칠 수 없다면 오늘 중에 새로운 트렁크를 사야 한다.

예문 1은 한자어 중심으로 썼고, 예문 2는 고유어 중심으로 썼다. 글자수를 줄일 때는 한자어가 도움이 되지만 친근하고 부드러운 분위기를 내고 싶을 때는 고유어가 적당하다.

| 한자어 | 고유어 |
| --- | --- |
| 파손 | 망가졌다 |
| 개폐가 불완전 | 끝까지 열고닫을 수가 없다 |
| 수리 불가능 | 고칠 수 없다 |
| 경우 | ~때 |
| 신품 | 새로운 것 |
| 구매 | 사다 |
| 필요가 있다 | ~해야 한다 |

또 두 글자 한자어에 '~하다'를 붙이는 말도 자주 사용한다(예: 방문하다). '한자어+하다'는 정중한 형태의 비즈니스 글이나 공문서에는 어울리지만, 편안한 분위기를 연출할 때는 다소 딱딱한 인상을 준다. 글의 분위기에 맞지 않을 때는 같은 뜻을 지닌 다른 단어로 대체해 보자.

## 한자어 대신 사용할 수 있는 단어

- 결정하다 → 정하다
- 발언하다 → 말하다
- 개최하다 → 열다
- 활용하다 → 쓰다
- 확인하다 → 알아보다
- 분할하다 → 나누다
- 고찰하다 → 깊이 생각하다 / 살피다
- 조사하다 → 찾아보다 / 알아보다
- 고용하다 → 부리다
- 원조하다 → 돕다 / 거들다
- 경감되다 → 덜다 / 줄이다
- 저하되다 → 낮추다 / 내리다
- 비교하다 → 비하다 / 견주다
- 접속하다 → 잇다 / 닿다
- 작성하다 → 만들다 / 짓다
- 종료하다 → 끝내다
- 위임하다 → 맡기다
- 수집하다 → 모으다

- 사죄하다 → 잘못을 빌다
- 축복하다 → 행복을 빌다
- 취침하다 → 자다
- 이탈하다 → 떨어지다

앞에서 살펴본 바와 같이 두 글자 한자어 중에는 비슷한 뜻을 지닌 한자어가 중복된 경우도 적지 않다. 한자어를 고유어로 바꾸고 싶을 때 한 글자씩 한자의 뜻을 살펴보면 힌트를 얻을 수 있다. 이렇게 바꿔 말하는 능력을 갈고닦는 훈련은 글의 표현력을 올리는 데 한몫한다.

# 한 단어만 쓰지 말고
# 다양하게 바꿔서 표현한다
—

단어 수집가가 되자

글쓰기에서 하나의 뜻을 전달하는 표현은 생각보다 무척 다양하다. 예를 들어 '요즘 일이 즐겁다'라고 표현하고 싶을 때 '즐겁다'라는 단어 말고 다른 표현은 무엇이 있을지 생각해 보자. 아래에 다양하게 표현해 봤다.

- 요즘 일이 **재미있다**.
- 요즘 일이 **만족스럽다**.
- 요즘 일이 **순조롭다**.
- 요즘 **일할 맛이 난다**.

- 요즘 일이 술술 풀린다.
- 요즘 일할 동기가 생겼다.
- 요즘 일에 의욕이 넘친다.
- 요즘 신이 나서 일에 열중하고 있다.
- 요즘 일할 때 콧노래가 절로 나온다.
- 요즘 일을 사랑하고 있다.
- 요즘 일을 즐기고 있다.

위의 예시 외에도 많은 표현이 떠오른다. 각자 한번 다양한 표현을 생각해 보기 바란다. 글로 무엇인가를 전달하고자 할 때 접근하는 방법은 하나가 아니다. 수없이 많은 방법을 떠올린 후 그 중에서 때와 장소와 상황에 가장 잘 맞는 표현을 취사선택하는 사람이 글쓰기 감각이 뛰어난 사람이다. 그러면 '다양하게 표현하는 센스'란 갈고닦을 수 있는 기술일까? 물론 갈고닦을 수 있다. 가장 간단한 방법은 자신이 자주 다루는 주제와 관련된 잡지를 읽는 것이다.

만약 음악에 관한 블로그 글을 쓰고 있다면 음악을 듣기만 하는 데서 그치지 말고 음악 잡지나 음악 사이트 등을 찾아다니며 표현들을 많이 봐둬야 한다. '감동했다'고 말하고 싶을 때도 '몸이 저려 왔다', '선율이 손에 닿는 것 같았다', '마음을 두드렸다', '혼이 떨리는 느낌이었다', '나도 모르게 감탄사를 내뱉었다', '전율이 몰려 왔다', '망치로 머리를 두드려 맞은 듯한 충격을 받았다' 등등 수많은 표현이 존재한다. 이러한 표현을 적극적으로 사용하는 것이 포인트다.

지금 말한 예시 표현은 평범하지만, '몸에 있는 모든 세포가 10년은 젊어진 기분이었다', '내 안에 있는 약함을 깨부수는 소리였다' 등등 독창적인 표현을 쓸 수 있게 되면 글쓰기 수련을 끝내고 하산해도 좋다.

최근에는 유의어를 간단하게 조사할 수 있는 스마트폰 애플리케이션이나 무료 사이트도 많아졌다. 바꿔 쓰기가 어렵다거나 항상 비슷한 표현밖에 생각나지 않는다고 느낀다면 적극적으로 활용해 보자. 유의어를 조사하는 습관을 몸에 익히면 문장 표현력도 쑥쑥 늘어날 것이다.

### 단어를 바꿔 말하는 연습

갑작스럽겠지만, 문제를 하나 내겠다. 당신 주변에 있는 '머리가 좋은 사람'을 한 명 떠올려 보자. 그리고 그 사람을 '머리가 좋다' 외에 다른 단어를 사용해서 묘사해 보자. 내가 생각한 표현은 다음과 같다.

### '머리가 좋은 사람'을 바꿔서 표현한 말

현명한 사람, 공부를 잘하는 사람, 영리한 사람, 똑똑한 사람, 두뇌가 명석한 사람, 두뇌 회전이 빠른 사람, 기지가 뛰어난 사람, 사리에 밝은 사람, 아이큐가 높은 사람, 스마트한 두뇌의 소유자, 샤프한 두뇌의 소유자, 지적능력이 뛰어난 사람, 지적인 사람, 지성이 높은 사람, 총명한 사람, 판단력이 뛰어난 사람, 날카로운 생각의 소유자, 빈틈이 없는 사람, 천재, 수재, 영재, 기발한 사람, 슬기로운 사람, 비범한 사람

# 글의 건조함을 피하려면
# 대화체를 사용하라

—

글에 활력을 주는 최고의 연출법이다

대화체를 섞어 쓰면 현실감과 생동감이 한층 올라가서 글에 '동작'이 살아난다. 대화체가 없는 글을 '사진'이라고 한다면, 대화체가 있는 글은 '영상'이라고 할 수 있다. 읽는 사람의 머릿속에 생생한 장면이 떠오르고 재생된다. 대화체는 어떤 일화를 소개할 때뿐만 아니라 업무용 글에도 활용할 수 있다. 영업 자료를 준비할 때 표지에 대화체를 섞어서 작성하면 어떨까?

**대화체를 사용하지 않은 제목**

주제: 돌소금에서 탄생한 천연 소재 비누

내용:
_____
_____
_____
_____

**대화체를 사용한 제목**

주제: "거칠던 제 피부가 매끈매끈해졌어요!"

- 돌소금에서 탄생한 천연 소재 비누 -

내용:
_____
_____
_____
_____

**예문 1**

나는 특히 하와이의 마우이 섬을 추천하고 싶다. 인간의 손길이 닿지 않는 때묻지 않은 자연에 깜짝 놀랄 것이다. 마치 천국에 있는 기분이다.

**수정한 글**

나는 특히 하와이의 마우이 섬을 추천하고 싶다. "인간의 손길이 닿지 않은 때묻지 않은 자연이 아직 남아 있었다니……. 여기가 바로 천국일 거야."라고 얼마 전에 마우이를 다녀온 사람이 말했을 정도다.

예문 1은 하와이의 마우이 섬을 소개하는 글이다. 내용은 전달되고 있지만 다소 건조한 인상을 준다. 하지만 대화체를 사용하여 고친 글은 마우이 섬을 다녀온 사람의 놀라움이 생생하게 전달된다. 시각을 문장으로 옮기는 데서 그치지 않고 대화가 실제로 '들리는 듯한' 감각을 살렸기 때문에 읽는 사람의 머릿속에서 자연스럽게 이미지가 떠오른다.

**예문 2**

나는 그 카레를 한 입 먹는 순간 너무 매운 나머지 비명을 질렀다. 함께 갔던 친구가 얼마나 걱정했는지는 말할 것도 없다.

**수정한 글**

나는 그 카레를 한 입 먹는 순간 너무 매운 나머지 "으악!" 하고 비명을 질렀다. 함께 갔던 친구가 걱정스러운 표정으로 "괜찮아?" 하고 몇 번이나 물어볼 정도였다.

예문 2는 극도로 매운 카레를 먹고 난 체험 후기다. '너무 매운 나머지'라고 썼지만 읽는 사람은 매운 정도를 맛볼 수 없다. 하지만 수정한 글에서는 "으악!" 하는 비명 혹은 대화체를 통해 읽는 사람도 엄청나게 매운맛을 간접 체험할 수 있게 했다. 친구가 걱정하는 모습도 "괜찮아?"라고 표현해 마치 현장에 있는 듯한 느낌이 더 커졌다.

대화체를 쓸 때는 진지하게 실제로 있던 대사를 그대로 재현하려 애쓰지 말고 실제보다 두세 배 강조해서 창작한다는 마음가짐으로 쓰는 편이 좋다. 필요하면 알기 쉽게 변형해도 좋다.

글쓰기에서 '연출력'은 중요한 기술이다. 뛰어난 연출을 살려 현장에 있는 듯한 효과를 내는 데 대화체보다 더 좋은 방법은 없다. 혹시 자신이 쓴 글이 단조롭게 느껴진다면 대화체를 적극적으로 활용해 보자.

# 보다 쉽게 전달하려면 비유를 활용한다

비유는 원래 표현보다 쉬워야 한다

비유는 어떤 사정이나 이치를 보다 쉽게 전달하고 싶을 때 사용하는 방법이다. 알기 쉬운 비유를 들면 읽는 사람의 이해도가 올라간다. 비유를 잘 드는 사람이 결국 글을 잘 쓴다.

비유는 사정이나 이치를 원래 표현보다 쉽게 이해할 수 있도록 바꾸는 것이 기본이다.

**예문 1**
인생에 극적인 성공은 없다.

**수정한 글**

인생이란 등산과 같다. 한 발 또 한 발 산을 올라 정상에 오르는 방법 외에 성공에 이르는 길은 달리 없다.

**예문 2**

탤런트와 소속사는 상호 보완하는 관계다.

**수정한 글**

탤런트와 소속사는 드라이버와 나사의 관계와 닮았다. 각각 혼자서는 역할을 다하지 못한다. 드라이버는 나사가 필요하고 나사는 드라이버가 필요하다.

예문 1에 대해서는 동의할 수 없는 사람도 있을 것이다. 그러나 수정한 글처럼 인생을 등산에 비유하여 고쳐 쓰면 동의하는 사람이 늘어날 것이다. 예문 2도 마찬가지다. 상호 보완하는 관계라고 말해도 선뜻 이해되지 않는 사람도 있을 것이다. 하지만 비유를 들어 개선하자 충분히 이해할 수 있는 글이 되었다.

원래 표현보다 쉽게 이해할 수 있도록 바꾸는 것이 비유의 기본일 때 개, 자전거, 스마트폰을 비유로 든다면 많은 사람이 쉽게 이미지를 떠올리겠지만, FF 금리나 맥스웰 방정식을 비유로 들면 오히려 이해하기 어려워질 것이다. 이처럼 비유를 할 때는 주객이 전도되어서는 안 된다.

비유를 만드는 순서는 아래와 같다.

1. 전달하고 싶은 사물이나 상황의 '본질'을 파악한다.
2. 1과 같은 본질을 가진 '예시'를 찾는다. 예시는 원래 사물이나 상황보다 훨씬 알기 쉬워야 한다.
3. 2에서 찾은 예시를 사용하여 문장을 쓴다.

위 과정을 예문 1의 경우에 적용해 보자.

1. 성공의 본질은 '한 발 또 한 발 앞으로 나가는 것'이다.
2. '한 발 또 한 발 나가서 전진하는 행동을 해야 하는 것이 또 무엇이 있는가?'라고 생각하다 등산을 떠올린다.
3. 등산을 비유로 들어 성공에 관한 글을 쓴다.

그러면 앞서 언급한 예문 1과 예문 2에 각각 다른 비유를 적용해 보자.

**예문 1: '마라톤'에 비유한다**
인생은 마라톤과 같다. 한 발씩 앞으로 움직여 결승점에 도착하는 것 외에 성공을 이루는 방법은 달리 없다.

**예문 2: '나이프와 포크'에 비유한다**
탤런트와 소속사의 관계는 나이프와 포크의 관계와 비슷하다. 어느 하나만 있으면 고기를 잘게 썰어 먹을 수 없지만, 둘 다 가지고 있다면 고기를 간단하게 잘게 잘라 먹을 수 있다.

다음은 비유의 한 예시다. 비유를 드는 요령을 익히고 각자 나름대로 적절한 다른 비유를 생각해 보자.

본질: 실패는 성공의 밑거름
비유: 한 번도 넘어지지 않고 자전거를 배울 수 있는 사람은 없다.

본질: 겉으로는 드러나지 않지만 남들이 안 보는 곳에서 부단

히 노력한다.

비유: 수중발레 선수와 비슷하다. 그들은 수면 위에서는 우아하게 움직이지만, 수면 아래에서는 격렬하게 다리를 움직이고 있다.


본질: 무모한 행동
비유: 하이힐을 신고 민소매에 짧은 반바지 차림으로 에베레스트 산을 등반하겠다는 것과 같다.


본질: 부족하다
비유: 샐러드에 소스를 뿌리지 않고 먹는 것과 같다. 간이 안 되어 제맛을 느낄 수 없다.


본질: 어리석은 행동
비유: 아직 감기에 걸리지도 않았는데 예방하겠다고 감기약을 먹는 행동과 같다.


본질: 어떤 것이 없다면 가치가 떨어지는 물건
비유: 냉탕이 없는 사우나와 비슷하다.

**칼럼 2**
# 쿠션 어구의 힘

비즈니스 메일을 쓸 때 핵심은 상대의 감정을 소중히 여기는 것이다.

1. 오늘 중 회신을 부탁드립니다.
2. 바쁘신데 죄송하지만, 오늘 중 회신을 부탁드립니다.

1보다 2가 '겸손한 인상'을 준다. 2가 본론을 말하기 전에 '바쁘신데 죄송하지만'이라고 쿠션 어구를 한마디 덧붙였기 때문이다. '쿠션 어구'란, 상대에게 부탁, 의뢰, 질문, 반론, 의견 제시, 지적, 사죄 등을 할 때 본론을 꺼내기 전에 덧붙이는 말이다. 아래 예문에서 맨 앞에 진하게 표시한 부분이 쿠션 어구다. 쿠션 어구가 있을 때와 없을 때를 비교해 보면 차이가 한눈에 보일 것이다.

- **죄송하지만,** ○○로 부탁합니다.
- **안타깝게도,** 이번에는 참가하지 못합니다.
- **번거로우시겠지만,** 안내해 주시기 바랍니다.

- **바쁘신데 죄송하지만**, 회사로 찾아뵙겠습니다.
- **공교롭게도**, 그 시간에는 다른 일정이 있습니다.
- **대단히 실례되는 말이지만**, 잘못된 표기가 있습니다.
- **수고를 끼쳐 죄송하지만**, 한 번 더 보내주시기 바랍니다.
- **갑작스레 죄송하지만**, 검토를 부탁드립니다.
- **시간이 허락한다면**, 들러주시기 바랍니다.
- **호의에 감사드리지만**, 다음 기회에 참여하겠습니다.
- **번거로우시겠지만**, A사에 연락을 부탁드립니다.
- **주제넘지만**, 한 말씀 드리겠습니다.
- **예의가 아닌 줄 알지만**, 먼저 들어보았습니다.
- **괜찮으시다면**, 한번 사용해 보시기 바랍니다.

부탁할 때, 질문할 때, 거절할 때, 지적할 때 자신이 바라는 결과를 얻고 싶다면 상대방의 기분을 상하게 해서는 안 된다. 상대의 기분이 상하면 결과적으로 업무 목적을 달성하기 어려워진다. 이럴 때일수록 쿠션 어구의 효과가 커진다. 마음을 담은 한마디를 덧붙임으로써 상대에게 존경과 마음 씀씀이를 보여줄 수 있다. 상대의 기분을 나쁘게 하기는커녕 오히려 좋게 만들 수도 있다. 사실 쿠션 어구를 쓰는 일 자체가 수고로움이다. 하지만 이 한 번의 수고를 감수함으로써 얻을 수 있는 성과는 몹시 크다.

제 3 부

# 이제는 문장을 넘어
# 글을 고치고 다듬어야 할 때

# 사실과 의견은 구분해서 쓴다

—

업무와 관련된 글에서 특히 주의!

글을 쓸 때 '사실'과 '의견'은 명확하게 구분해서 써야 한다. 양쪽이 섞여 있으면 읽는 사람은 부정확하다거나, 적당히 얼버무렸다거나, 거짓말을 하고 있다고 생각할지도 모른다. 특히 업무와 관련된 글에서 사실과 의견을 구분하지 못하면 신용을 잃을 위험이 있다. 사실과 의견의 차이는 다음과 같다.

### 사실

- 실제로 현실에서 발생한 사건
- 조사나 경험으로 반드시 확인할 수 있는 것

- 대다수 사람이 그렇다고 인식하는 것
- 맞거나 틀리거나 둘 중 하나인 것

### 의견

- 본인의 생각이나 판단
- 조사나 경험으로 확인할 수 없을 때도 있음
- 대다수 사람이 그렇다고 인식하지 않는 것
- 맞고 틀리고를 결정할 수 없을 때도 있음

**잘못 쓴 문장**

그 가죽 재킷은 30만 원이라 저렴했다.

**수정한 글 1**

그 가죽 재킷은 30만 원이었다. 가죽 재킷의 평균 가격을 생각하면 저렴한 편이다.

**수정한 글 2**

그 가죽 재킷은 30만 원이었다. 내가 지금까지 샀던 가죽 재킷의 가격과 비교했을 때 저렴한 편이다.

**수정한 글 3**

그 가죽 재킷은 30만 원이었다. 저렴하다고 느꼈다.

첫 번째 문장은 '30만 원이라 저렴했다'라고 표현했는데, '30만 원'은 '사실'이고 '저렴했다'는 쓰는 사람의 개인적 '의견'이다. 그런데 마치 전부 사실이라는 듯이 단정적으로 썼다. 만약 가죽 재킷이 보통 50만 원이라면 많은 사람이 30만 원을 저렴하게 느낀다고 판단해도 괜찮다. 어쨌든 수정한 글들처럼 사실은 사실끼리, 의견은 의견끼리 각각 독립된 문장으로 써야 한다.

- 누구나 좋아하는 무라카미 하루키의 소설은~ (X)
  → '누구나' 좋아하지는 않는다. (지나치게 일반화했다.)

- 두 번 결혼한 불쌍한 그 여자는 (X)
  → '불쌍'한지 아닌지는 알 수 없다. (억측을 쓰고 있다.)

- 일본은 섬나라다. 따라서 일본인은 생선을 좋아한다. (X)
  → '섬나라라서 생선을 좋아한다'는 말은 근거가 약하다. 또

'일본인은 생선을 좋아한다'라고 단언하는 것은 지나치다. (억측으로 쓰고 있다.)

위의 예문들은 글쓴이의 의견을 마치 사실이라도 되는 듯이 썼다. 소설 등에서 특별한 목적이 있어 일부러 독자가 오해하도록 썼다면 몰라도, 쓰는 사람이 자신의 의견을 사실이라고 잘못 알고 썼다면 문제다. 이러한 문제를 피하려면 스스로 '사실과 의견을 구분하지 못할 때가 있다'는 점을 자각해야 한다. 그렇게 되면 사실과 의견이 뒤섞이지 않게 주의하여 쓸 수 있을 것이다.

아래는 의견을 쓴 문장이다. 의견은 세분화하면 추측, 평가, 확신, 추정, 가설 등으로 나뉜다.

- 별이 떴으니 내일은 맑을 **것이다.** (추측)
- 그 프로젝트는 획기적이라 **할 수 있다.** (평가)
- 그 상품은 **틀림없이 팔린다.** (확신)
- 의사소통 부족이 원인**이라고 생각한다.** (추정)
- 최악의 경우, 좌천될 **가능성도 있다.** (가설)

# 상식적으로 이해하기 힘든 글을
# 쓰지 않는다

—

쓰는 사람은 자신의 글의 문제점을 자각하지 못한다

나는 종종 도무지 앞뒤가 맞지 않아 받아들이기 힘든 글을 접한다. 여기서 '받아들일 수 없다'는 말은 글쓴이의 생각에 동의하거나 공감할 수 없다는 뜻이 아니다. 오히려 '튤립은 동물이다' 같은 글을 말한다. 즉 일반론이 통하지 않는 내용을 쓴 경우를 말한다. 이는 앞서 살펴보았던 '사실과 의견을 혼동하는 상황'보다 한층 더 나빠진 경우라고 할 수 있다.

'튤립은 동물이다'처럼 누구나 명확하게 사실이 아니라고 파악할 수 있는 글은 그나마 다행이다. 결코 잘했다고 말할 수는 없지만 최악은 아니다. 가장 골치 아픈 상태는 '뉴욕 다음으로 매력적인 도시 런던에서는~' 같은 글이다. 무엇을 기준으로 매력을 따졌는지 모르겠으며, 뉴욕이 1위이고 런던이 2위라는 순위에도 근거가 없다. '쓰는 사람의 의견을 일반화'했다는 점에서 상태가 심각하다. 이는 잘못하면 해당 분야에 지식이 없는 사람에게 거짓 정보를 전달할 수도 있다.

**예문 1(설득력이 있다)**
우리는 꿈을 좇고 싶다고 생각하면서도 다른 한편으로는 지금의 안정된 생활을 잃을지도 모른다는 불안감 때문에 실행하기를 주저한다. 한마디로 액셀과 브레이크를 동시에 밟고 있는 것이다. 이처럼 꿈을 좇아 선뜻 행동에 옮기지 못하고 안정된 생활을 유지하려는 마음은 좋아하는 사람에게 고백하고 싶다고 생각하면서도 고백해서 차이기보다 차라리 혼자 짝사랑하기를 선택하는 마음과 닮았다.

**예문 2(설득력이 없다)**
우리는 꿈을 좇고 싶다고 생각하면서도 다른 한편으로는 지금의 안정된 생활을 잃을지도 모른다는 불안감 때문에 실행하기를 주저한다. 한마디로 액셀과 브레이크를 동시에 밟고 있는 것이다. 이는 좋아하는 사람에게 고백하고 싶은데 도통 고백할 기회가 없는 상황과 비슷한지도 모른다.

예문 1은 '꿈을 좇고 싶다는 생각'과 '좋아하는 사람에게 고백하고 싶다는 생각'이 대비되어 쉽게 이해가 된다. '지금의 안정된 생활을 잃을지도 모른다는 불안감'과 '혼자 짝사랑하기를 선택하는 편이 좋을지도 모른다는 생각'을 비교한 점도 명확하여 논리적으로 설득력이 있다.

한편 예문 2의 마지막 문장인 '좋아하는 사람에게 고백하고 싶은데 도통 고백할 기회가 없는 상황과 비슷하다'는 말은 설득력이 없다. 글쓴이 스스로 문장 끝에 '비슷한지도 모른다'라고 서술했지만, 어떻게 봐도 비슷하지 않다. 문장을 차근차근 읽어보면 알 수 있다. 그 증거로 '액셀과 브레이크를 동시에 밟고 있는 것'이라는 예시와도 어긋났다. 이렇게 되면 글 서두에 꿈의 실현과 안정된 생활을 바라는 마음을 액셀과 브레이크를 동시에 밟는 행동에 비교한 예시가 설득력을 잃어 글 자체가 진부하게 느껴진다.

'읽는 사람이 받아들이기 힘든 글'을 쓰는 습관은 고치기 어렵다. 왜냐하면 쓰는 사람은 자신의 글의 문제점을 자각하기 어렵기 때문이다. 자각하지 못하니 그렇게 썼을 테고 말이다. 혹시 이번 내용을 읽고 어쩌면 자신의 글이 읽는 사람이 받아들이기 힘든 글일지도 모른다고 불안해졌다면, 지금까지 썼던 글을 아래 기준으로 다시 한번 점검해 보자.

- 논리와 이야기의 맥락이 흐트러지지 않았는가?
- 자신의 의견과 생각을 일반화하지 않았는가?
- 억지로 결론을 맺거나 이유를 덧붙이지 않았는가?

위의 질문에 확실하게 대답할 수 없을 때는 내용과 쓰는 방식을 재고하는 편이 좋다. 읽는 사람에게 공감과 찬성을 얻을 수 있는 글쓰기는 나중으로 미루더라도, 우선은 '논리적으로 이해가 가는 글'을 쓰도록 노력하자.

# 글이 비논리적이면
# 생각도 비논리적이라는 인상을 준다
—

논리가 무너진 글은 앞뒤 문맥이 안 맞는다

앞서 설명한 것처럼, 읽는 사람이 받아들이기 힘든 글 중 하나로 '논리가 무너진 글'이 있다. 글을 쓸 때 '논리'는 매우 중요하다. 예를 들어 'A는 B이다. 따라서 C는 D이다'라고 썼을 때 다른 사람이 그것을 읽고 어색하게 느끼지 않는다면 논리가 정연하다는 뜻이다. 그러나 읽으면서 "어, 앞뒤가 안 맞는데?", "글의 맥락이 이어지지 않아.", "좀 억지 같아.", "지나치게 과장했는데?"라고 느낀다면 논리가 무너졌을 가능성이 높다.

논리가 무너진 글은 읽는 사람을 설득할 수 없고 찬성과 공감도 얻을 수 없다.

**잘못 쓴 글 1**

"돈은 천하를 돌고 돈다."라는 속담이 있다. 따라서 출세할 필요가 없다.

**수정한 글**

"돈은 천하를 돌고 돈다."라는 속담이 있다. 따라서 지금 돈이 없다고 해서 지나치게 비관할 필요는 없다.

처음에 나오는 예문은 '따라서'를 사용하여 앞뒤 문장을 연결했다. '따라서'는 앞문장에서 설명한 원인으로 발생하는 일을 뒷문장에 서술할 때 쓰는 접속사다. 하지만 예문에서는 '따라서'로 연결된 문장의 앞뒤 문맥이 안 맞는다. "돈은 천하를 돌고 돈다."라는 말의 본래 뜻은 돈은 항상 이 사람에게서 저 사람에게로 돌아다니는 물건이라 지금 돈이 없는 사람도 언젠가는 돈이 생길 수 있다는 말이다. 그런데 '언젠가 돈이 생길 테니 출세할 필요가 없다'는 말은 지나친 비약이다. 논리가 무너진 글이다. 반면 수정한 글은 "돈은 천하를 돌고 돈다."라는 말에 담긴 의미를 바탕으로 '따라서'로 연결된 문장을 써서 어색하지 않게 읽을 수 있다. 한마디로 논리가 정연한 글이다.

**잘못 쓴 글 2**
자기 계발 방법 중에서 비용 대비 효과가 가능 큰 것은 독서다. 왜냐하면 언제라도 좋아하는 때 읽을 수 있기 때문이다.

**잘못 쓴 글 3**
자기 계발 방법 중에서 비용 대비 효과가 가능 큰 것은 독서다. 왜냐하면 한 권에 2만 원 전후로 가격이 합리적이기 때문이다.

**수정한 글**
자기 계발 방법 중에서 비용 대비 효과가 가능 큰 것은 독서다. 왜냐하면 저자가 수년간 쌓아온 지식과 경험이 한 권에 응축되어 있기 때문이다. 저자의 수십 년의 지식과 경험을 단돈 2만 원 전후로 살 수 있다면 저렴하다고 볼 수 있다.

앞에 나온 두 예문은 '왜냐하면'을 사용했다. '왜냐하면'은 앞문장에서 서술한 내용의 원인이나 이유를 뒷문장에서 밝힐 때 쓰는 접속사다. 그러나 두 예문은 '자기 계발 방법 중에서 비용 대비 효과가 가능 큰 것은 독서'라고 말하는 '근거'가 약하다. 따라서 읽는 사람은 논리적이지 않다고 느끼게 된다. 하지만 수정한 글은 그 이유를 논리적으로 제시했다. 이러한 내용이라면 읽는 사람도 이해할 것이다.

자신이 쓴 글의 논리성을 점검하고 싶을 때는 아래 다섯 가지 질문에 스스로 답해 보자.

- 읽는 사람이 근거가 약하다고 느끼지 않을까?
- 읽는 사람이 거짓말 같다고 느끼지 않을까?
- 읽는 사람이 관련없는 이야기를 하고 있다고 느끼지 않을까?
- 읽는 사람이 무슨 뜻인지 이해 못 하지 않을까?
- 읽는 사람이 상황과 조건에 따라 다르다고 느끼지 않을까?

논리정연한 문장을 쓰는 기술은 문장력을 갈고닦는 데 몹시 중요하다. 비논리적인 문장을 쓰는 사람은 사고도 비논리적이라는 인상을 주게 된다. 스스로 자각하고 있다면, 평소에도 앞뒤가 맞는 내용이나 일관된 맥락이 있는 이야기를 쓰는 데 힘을 쏟자.

# 설명이 부족하면
# 내용이 전달되지 않는다

—

글 좀 쓴다고 믿는 사람들이 흔히 저지르는 실수

내용이 전달되지 않는 글을 쓰는 사람이 자주 저지르는 실수가 '설명 부족'이다. 게다가 설명이 부족한 글을 쓰는 사람 대부분이 자신의 글에 설명이 부족하다는 자각이 없다. 오히려 스스로 글을 잘 쓴다고 믿는 사람이 더 많다. 충분하다고 믿고 있기 때문에 완성한 후 읽어보지 않는 것이다. 그러니 아무리 시간이 지나도 '설명이 부족한 글쓰기 습관'이 고쳐지지 않는 것이다.

**잘못 쓴 글 1**

오늘은 남편의 생일이었다. 늘 그랬듯이 케이크는 준비하지 않았다. 교토식 스키야키를 준비했다.

**수정한 글**

오늘은 남편의 생일이었다. 그런데 남편은 단 음식을 좋아하지 않는다. 그래서 늘 그랬듯이 케이크는 사지 않았다. 대신 남편이 좋아하는 교토식 스키야키를 먹으며 축하해 주었다.

독자는 첫 번째 예문을 읽고 "왜 생일인데 케이크를 안 사지?" 하고 고개를 갸웃하거나 "남편이랑 사이가 안 좋은가 봐."라고 느낄 수도 있다. 하지만 부인은 단 음식을 좋아하지 않는 남편을 배려해서 일부러 케이크를 사지 않았다. 그런데 글에서는 부인의 배려와 애정이 전달되지 않는다. 바로 이것이 '설명 부족'의 무서운 점이다. 읽는 사람에게 오해 없이 정보를 전달하려면 두 번째 예문처럼 머릿속에만 있는 남편을 향한 배려심(=독자가 모르는 정보)을 글로 써야 한다. 왜냐하면 읽는 사람은 글쓴이의 의도나 본뜻을 알아차리지 못할뿐더러 그러기 위해 노력하지도 않기 때문이다.

조금 속된 사례를 공유하자면 나도 출판사 편집부에 있을 때 선배 편집자에게 '독자를 중학생으로 생각하라'는 말을 자주 들었다. 이 말은 정말로 독자가 중학생이라서가 아니라, '이해력이 부족한 사람도 이해할 수 있는 알기 쉬운 글'을 쓰라는 지침이다. 즉 읽는 사람의 이해력이나 독해력을 과대평가하지 말라는 뜻이다.

앞서 예문을 예로 들면, '남편은 단 것을 싫어한다'와 '남편이 좋아하는 ~으로 축하해 주었다'라는 구체적인 정보를 써야 읽는 사람이 남편을 향한 글쓴이(부인)의 배려심이나 애정을 이해할 수 있다.

### 잘못 쓴 글 2
오랫동안 최대한 적게 자려고 노력했는데 최근에는 적어도 6시간은 잔다.

### 수정한 글
오랫동안 최대한 적게 자려고 노력했는데 잠을 적게 자는 사람이 단명한다는 데이터를 보고 최근에는 못해도 6시간은 잔다.

**잘못 쓴 글 3**

저자의 생각에 감동하여 같은 책을 한 권 더 샀다.

**수정한 글**

저자의 생각에 감동하여 같은 책을 한 권 더 샀다. 집과 회사에 두고 자주 읽고 싶어서다.

필요한 단어나 정보가 글에 담겨 있지 않으면 읽는 사람은 정확하게 이해할 수 없고 글쓴이의 의도는 전달되지 않은 채 끝난다. 실로 안타깝다. '설명 부족은 매우 위험함'을 마음에 새겨두자.

# 유사한 내용은 같은 곳에 모아서 쓴다

글이 뒤죽박죽 엉켰을 때의 해결 방법

'정보 1→ 정보 2→ 정보 1'처럼 내용이 오락가락하는 글은 읽기 힘들 뿐만 아니라 읽는 사람을 혼란스럽게 만든다.

'내용이 오락가락하는 글'을 쓰지 않도록 하려면 유사한 정보끼리, 관련성이 깊은 사건끼리 함께 묶어서 써야 한다. 정보 1은 정보 1과 한데 묶고, 정보 2는 정보 2와 묶어서 쓰면 읽는 사람도 편하게 읽고 내용도 쉽게 이해할 수 있다.

**잘못 쓴 글 1**
아파트는 방범이 잘 되어 있어 안심할 수 있고 건물 관리나 수리를 걱정할 필요가 없다. 다만 단독 주택과 달리 관리비, 수선 충당금, 주차비 등을 부담해야 한다. 또 입지 조건이 같다면 단독 주택보다 싸게 구입할 수 있다.

**수정한 글**

아파트는 방범이 잘 되어 있어 안심할 수 있고 건물 관리나 수리를 걱정할 필요가 없다. 애초에 입지 조건이 같다면 단독 주택보다 싸게 구입할 수 있다. 다만 단독 주택과 달리 관리비, 수선 충당금, 주차비 등을 부담해야 한다.

첫 번째 글은 아파트의 '장점→ 단점→ 장점' 순서로 썼다. 아마도 글쓴이의 머릿속에 떠오르는 순서대로 썼을 것이다. 이처럼 내용이 오락가락하면 읽는 사람도 그때마다 머릿속 스위치를 바꿔야 하니 부담스러울 수밖에 없다.

두 번째 글은 흩어져 있는 장점을 한곳에 모아 '장점→ 단점' 순서로 나열했다. 이로써 읽는 사람도 정리된 내용을 힘들이지 않고 머릿속에 저장할 수 있게 되었다.

글은 그저 쓰기만 한다고 해서 되는 것이 아니다. 읽는 사람이 이해하기 쉽게 순서대로 정리하는 것도 글 쓰는 사람이 지켜야 할 의무다.

오락가락하는 글을 쓰지 않는 방법으로는 다음의 두 가지가 있다. '미리 정리한 후 쓰기'와 '다 쓴 후에 다시 검토하기'다. 다행히 글은 말과 달리 다 쓴 후에 수정할 수 있다. 글을 쓸 때는 내용을 분석하여 유사한 내용끼리 서로 묶어주자.

**잘못 쓴 글 2**

상품 A의 소재는 스테인리스에서 알루미늄으로 변경하고 싶습니다. 또 상품 C(스틸, 철)를 추가로 30개 주문하고 싶습니다. 상품 A의 수량은 40개로 변경 없습니다.

**수정한 글**

상품 A의 소재는 스테인리스에서 알루미늄으로 변경하고 싶습니다. 수량은 40개로 변경 없습니다. 또 상품 C(스틸, 철)를 추가로 30개 주문하고 싶습니다.

**잘못 쓴 글 3**

그는 성격이 급하지만 머리가 좋고 상냥하다. 게다가 덜렁거린다.

**수정한 글**

그는 성격이 급하고 덜렁거리지만, 머리가 좋고 상냥하다.

# 이유와 근거를
# 결론과 세트처럼 묶어서 제시한다

—

읽는 사람을 설득하고 싶다면
명확한 이유와 근거를 밝혀야 한다


우리가 글로 무엇인가를 전달하고자 할 때는 그에 상응하는 이유와 근거를 제시해야 한다. 이유와 근거가 없거나 혹은 빈약하면 읽는 사람을 설득할 수 없다. 예를 들어 어느 날 갑자기 직장상사가 영어회화를 공부하라고 했다고 상상해 보자. 왜 해야 하는지 이유를 모르면 공부할 의욕이 생기지 않을 것이다. 그런데 만약 내년에 호주 지점으로 발령이 날지도 모르니 미리 영어회화를 공부해 두라는 설명을 들었다면 의욕이 생길 것이다. 이는 상사의 말에 설득되었다는 뜻이다. 이유와 근거 제시의 중요성은 글에서도 마찬가지다.

예문 1

아기에게 스킨십은 우유만큼이나 중요하다. 아기의 몸과 마음은 스킨십을 통해 성장한다.

예문 2

아기에게 스킨십은 우유만큼이나 중요하다. 옛날 신성로마제국에서 아기가 처음으로 배우는 말을 확인하고자 50명의 아기를 대상으로 실험을 진행했다. 주변 환경의 영향을 받지 않도록 우유를 줄 때 아기에게 스킨십을 금지했다. 안아주거나 눈을 마주치거나 마주 보고 웃거나 말을 걸어서도 안 되었다. 그러나 처음으로 배우는 언어는 확인할 수 없었다. 모든 아기가 우유를 충분히 먹었는데도 50명 전원이 사망했기 때문이다. 이는 스킨십의 중요성을 증명하는 중요한 일화다. 이것에서 알 수 있듯이 아기의 몸과 마음은 스킨십을 통해 성장한다.

예문 1과 예문 2를 비교해 보자. 예문 1은 '스킨십의 중요성'을 밑받침하는 이유와 근거를 제시하지 않았다. 예문 1을 읽는 사람 중에는 '스킨십이 중요할지도 모르지만, 일단 아기는 우유를 잘 먹이면 문제없는 것 아닐까?'라고 생각하는 사람이 있을지도 모른다. 한편 예문 2는 신성로마제국에서 벌어졌던 일화를 근거로 제시했다. '아기 50명이 전원 사망했다'라는 충격적인 결말을 읽고 스킨십의 중요성을 깨닫는 사람도 많을 것이다.

이처럼 이유와 근거는 설득력을 높이는 중요한 재료다. 독자에게 전달되는 문장을 쓰는 사람일수록 항상 이유와 근거를 결론의 메시지와 세트처럼 묶어서 쓴다. 아래 예문을 살펴보자.

- 나는 〈너의 이름은〉이라는 애니메이션을 가장 좋아한다.
  → 왜 좋아하는가?
  → 가장 좋아하는 이유를 쓴다.

- 어제 먹은 탄탄면이 맛있었다.
  → 왜 맛있었는가?
  → 맛있다고 느낀 이유를 쓴다.

- 고객님께는 A상품을 추천합니다.
  → 왜 추천하는가?

→ 추천하는 이유를 쓴다.

- 하루 만 보 이상 걷는 편이 좋다.
  → 왜 만 보 이상 걷는 편이 좋은가?
  → 만 보 이상 걸으면 좋은 근거를 제시한다.

- 항상 불평만 토로하고 있으면 암에 걸린다.
  → 왜 불평만 토로하면 암에 걸리는가?
  → 근거를 제시한다.

　읽는 사람을 설득하고 싶다면 가장 좋다고 말할 때도, 맛있다고 말할 때도, 상품을 추천할 때도, 만 보 이상 걷는 편이 좋다고 말할 때도, 암에 걸린다고 말할 때도 명확한 이유와 근거를 제시해야 한다. 전달하고 싶은 결론을 썼다고 해서 읽는 이에게 글쓴이의 메시지가 정말로 전달되었다고 생각할 수는 없다. 이유와 근거를 쓰고 나서야 처음으로 글쓴이의 본뜻과 의도가 제대로 전달된다.

　그렇다면 직접 글쓰기에 도전해 보자. 다음은 이유와 근거를 제시하는 연습이다.

**질문**

당신이 좋아하는 장소를 소개한다. 또 그 이유를 적는다.
(약 100자 내외)

내가 좋아하는 장소는 (　　　　　　　　)이다.

〈이유〉

**해답 예시**

내가 좋아하는 장소는 (하코네의 코마가타케 산)이다.

왜냐하면 나에게 항상 힘을 주는 장소이기 때문이다. 시야 한가득 펼쳐지는 아시노 호수와 겹겹이 둘러싼 산들이 무척 아름답다. 날씨가 좋을 때는 후지 산과 스루가 만까지 보인다. 아무리 지쳐 있을 때도 코마가타케 산에 가면 신기할 정도로 기운이 솟는다.

# 자세히 풀어서 쓴다

쓰는 사람의 상식과 읽는 사람의 상식은 다르다

이해하기 쉬운 글을 쓰는 사람일수록 '정확하게 전달되지 않는 위험'에 민감하다. 그들은 자신의 글이 무슨 뜻인지 혹시 독자에게 제대로 전달되지 않는 것은 아닐지 늘 염려한다. 그렇기에 정확한 뜻을 전달하고자 단어의 의미를 자세히 풀어 쓰는 데 힘을 쏟는다. 만약 읽는 사람의 처지나 독해 수준을 생각하지 않고 자기 방식대로 글을 쓰는 사람이 있다면 주의하자. 읽는 사람에게 글을 쓴 목적이나 의미가 전달되지 않고 글쓴이 혼자 만족하는 글이 될 위험성이 있기 때문이다.

예문 1

인간은 호메오스타시스homeostasis에 감사해야 한다. 그것 덕분에 우리는 건강과 생명을 유지하고 있다.

예문 2

인간은 호메오스타시스에 감사해야 한다. 호메오스타시스란 생체 항상성을 가리키는 말로, 체내를 일정 상태로 유지하는 작용을 말한다. 예를 들어 몸에 물이 부족할 때 목마르다고 느끼는 현상이 호메오스타시스가 작용한 결과다. 만약 체내에 수분이 부족한데 목이 마르다고 느껴지지 않으면 계속 수분이 공급되지 않아 최종적으로 죽음에 이를 수도 있다. 호메오스타시스 덕분에 우리는 건강과 생명을 유지하고 있다.

예문 1을 쓴 사람은 '호메오스타시스'라는 단어를 누구나 아는 상식이라고 생각하고 글을 썼다. 물론 호메오스타시스라는 단어의 뜻을 이미 알고 있는 사람들을 대상으로 쓴 글이라면 그렇게 써도 문제가 없다. 그러나 읽는 사람이 호메오스타시스라는 단어를 보고 무슨 뜻인지 몰라 고개를 갸웃한다면 이 글은 배려심이 없고 의미가 전달되지 않는 글이다.

예문 1을 쓴 사람은 '쓰는 사람의 상식'과 '읽는 사람의 상식'이 같지 않다는 사실을 몰랐을 수도 있다.

예문 2는 호메오스타시스라는 단어의 뜻을 자세히 풀어서 썼다. 호메오스타시스가 무엇인지 알기 쉽게 자세히 설명했기 때문에 그 단어를 처음 접하는 사람도 이해하는 데 큰 어려움이 없을 것이다.

내가 이 책을 쓰면서 가장 신경쓰는 점도 '이해하기 쉽게 쓰는 것'이다. '혹시 이해하기 어렵지 않나?'라는 생각이 조금이라도 들면 단어의 뜻을 풀어서 설명하려고 노력했다. 나는 제1부에서 다음과 같은 글을 썼다.

'한 문장에는 하나의 주제'가 글쓰기의 가장 기본 원칙이다. <u>이는 마침표로 완결하는 한 문장에는 하나의 정보만 담으라는 뜻이다</u>. 문장이 길면 길수록 끝까지 읽기 힘들고 이해도도 떨어진다.

나는 이 문장을 읽는 독자 중에는 '한 문장에는 하나의 주제'가 무슨 뜻인지 모르는 사람도 있을 수 있다고 생각하고 글을 썼다. 밑줄 친 부분이 '한 문장에는 하나의 주제'라는 의미를 자세히 풀어서 설명한 부분이다. 만약 밑줄 친 부분을 생략하면 어떻게 될까?

글쓰기의 가장 기본 원칙은 '한 문장에는 하나의 주제'다. 문장이 길면 길수록 끝까지 읽기 힘들고 이해도도 떨어진다.

밑줄 친 부분을 생략하면 '한 문장에는 하나의 주제가 무슨 뜻이지?' 하고 의문을 품는 사람도 있을 것이다. 이렇게 되면 함께 다니던 여행에서 독자는 뒤에 남겨둔 채 저자 혼자 떠나는 셈이다. 읽는 사람이 누구인지를 생각하고 상황에 따라 단어의 의미를 자세히 풀어쓰는 사람은 글을 쓸 때 누가 읽어도 알기 쉽게 정보와 생각을 전달할 수 있다.

# 구체적인 예시를 든다
—
글쓰기 실력이 차이 나는 건 바로 여기에서다

글을 쓸 때 예시를 쓰는 사람과 쓰지 않는 사람이 있다. 작은 차이처럼 보이지만 이때 두 사람의 글쓰기 실력은 하늘과 땅만큼 차이가 난다. 적절하고 효과적인 예시를 쓰는 사람은 읽는 사람이 쉽게 이해하도록 이미지를 전달할 수 있다. 글을 쓸 때 구체적 예시를 쓰지 않으면 알기 쉽게 이미지를 전달할 수 없다. 글을 쓴 사람은 전달했다고 믿을지 몰라도 억측에 지나지 않는다.

**예문 1**

빈혈기가 있는 사람은 철분이 부족할 가능성이 있다. 평소에 철분이 함유된 음식을 먹도록 하자.

**수정한 글**

빈혈기가 있는 사람은 철분이 부족할 가능성이 있다. 평소에 철분이 함유된 음식을 먹도록 하자. 육류로는 간이나 붉은 살, 어패류로는 모시조개와 바지락, 채소로는 시금치와 파슬리, 콩류로는 낫토 같은 식품에 철분이 많이 함유되어 있다.

**예문 2**

아무리 작은 일이라도 상대가 무언가를 해주었다면 감사하다고 말하자. 이는 부부관계를 원만하게 유지하는 데 중요한 핵심이다.

**수정한 글**

아무리 작은 일이라도 상대가 무언가를 해주었다면 감사하다고 말하자. 이는 부부관계를 원만하게 유지하는 데 중요한 핵심이다. 예를 들어 빨래를 개어주거나 욕실을 청소해 주었을 때 감사하다고 말하자. 설령 휴지 한 장을 뽑아 주었을 때도 말해 보자. 작은 일에도 망설이지 말고 감사한 마음을 표현하는 부부라면 영원히 함께할 수 있으리라.

예문 1과 예문 2는 '이유'만 쓴 문장이다. 반면 수정한 글은 이유에 덧붙이는 형태로 구체적 예시를 제시했다. 구체적 예시를 쓸 때는 '예를 들어'나 '구체적으로 말하면' 같은 표현을 사용하기도 한다.

이미 알아차린 독자도 있으리라 생각하는데, 이 책도 '이유'를 말할 때는 반드시 구체적 예시를 들었다. 이번에도 마찬가지다. 만약 '문장을 쓸 때는 구체적 예시를 제시한다'라고만 했다면 읽는 사람에게 확 와닿지 않았을 것이다. 철분이나 부부관계에 관한 구체적 예시를 읽고 나서야 '아, 이렇게 쓰라는 뜻이구나' 하고 이해한 사람도 있을 것이다. 이는 그야말로 '구체적 예시의 힘'을 보여준 셈이다.

**예문 3**
나는 좁고 갑갑한 자리를 싫어한다. 스트레스를 받는다.

**수정한 글**

나는 좁고 갑갑한 자리를 싫어한다. 예를 들면 관람차, 곤돌라, 만원 전철, 캡슐 호텔, 비행기 이코노미석 등이 그렇다. 물리적 공간뿐만 아니라 체면치레나 특별대우하는 자리도 갑갑하기만 하다. 어쩐지 숨이 막혀서 스트레스를 받는다.

예문 3은 구체적 예시가 없어 읽는 사람도 별 느낌 없이 읽고 넘길 것이다. 하지만 수정한 글은 구체적 예시가 있어 읽는 이도 글쓴이가 무엇을 말하고 싶었는지 진짜 의도를 확실하게 파악할 수 있다.

구체적으로 쓰는 방법에는 내용을 상세히 쓰기, 수단과 방법을 제시하기, 실제 예시를 서술하기, 경험 쓰기 등 다양하게 있다. 주제에 따라 응용력을 발휘하여 구체적 예시를 추가해 보자.

### 구체적 예시를 제시하는 방법

- '자주 긍정적으로 말하자'라고 썼다면
→ 어떤 때에 어떤 말을 하면 좋을지 쓴다.

- '건강해지고 싶다면 채식 중심으로 식생활을 해라'라고 썼다면
→ 구체적인 채식 메뉴를 몇 가지 소개하거나 식생활을 채식으로 바꿔서 건강해진 사람의 사례를 쓴다.

- '피아노를 시작했다'라고 썼다면
→ 주에 몇 번 어떤 곡을 얼마 정도 시간을 들여 연습하는지 쓴다.

- '스마트폰으로 촬영한 사진을 앨범으로 출력해 주는 서비스가 편리하다'라고 썼다면
→ 서비스 내용, 이용 방법, 앨범 활용하는 방법 등을 쓴다.

- '나는 뉴욕을 아주 좋아한다'라고 썼다면
→ 음식, 문화, 사회, 거리, 사람 등 자신이 느끼는 뉴욕의 매력을 쓴다.

- '여성의 이야기에 귀를 기울이는 남성이 인기가 많다'라고 썼다면
→ 구체적으로 여성의 이야기를 잘 듣는 방법을 쓰거나 여성의

이야기에 귀를 기울이기 시작한 후 인기가 많아진 남성의 사례를 쓴다.

- '텔레비전을 버린 후 집에서 보내는 시간이 보람차게 변했다'라고 썼다면
→ 예전에 텔레비전을 보던 시간에 지금은 무엇을 하는지 쓰거나, 텔레비전을 버린 후 무엇이 어떻게 바뀌었는지를 쓴다.

# 추상적 표현과 구체적 표현을 함께 사용한다

—

구체적 표현을 계속 썼다면
추상적 표현을 써서 한번쯤 흐름을 끊어주자

지금까지 여러 쪽에 걸쳐서 '구체적으로 쓰는 것'의 중요성을 설명했다. 그렇다면 추상 표현은 전혀 필요가 없을까? 내 대답은 '필요하다'이다. '추상적 표현'과 '구체적 표현'은 문장을 쓰는 데 꼭 필요한 요소이며, 양쪽 표현을 자유롭게 오가는 글쓰기가 가장 이상적인 형태다.

**예문**

뮤지컬 영화 〈레미제라블〉은 아주 훌륭한 작품이다. 특히 앤 해서웨이를 비롯한 배우들의 노래가 최고였고 감동적이었다.

위 예문은 영화평이다. 글쓴이의 의도는 이해할 수 있지만, '훌륭하다', '최고', '감동적이었다'라는 추상적 표현만 늘어놓아서 읽는 사람에게 영화평으로서의 가치는 부족하다. 아마 영화 〈레미제라블〉을 자세히 알고 싶었던 사람에게 이 영화평은 만족스럽지 않을 것이다. 오히려 다음과 같은 의문을 떠올릴 것이다.

- 어떻게 '훌륭했다'는 것일까?
- 어떻게 '최고였다'는 것일까?
- 어떻게 '감동했다'는 것일까?

이러한 의문에 답을 하려면 추상적 표현뿐만 아니라 구체적 표현도 함께 사용하는 기술이 필요하다.

**수정한 글**
운명의 소용돌이에 휘말리는 등장인물의 감정이 실감나게 그려져 있어 영화를 보기 시작한 순간부터 몰입해서 158분이 순식간에 흘러간 느낌이었다.
- 〈조금 구체적〉

특히 인생의 깊이와 희로애락을 노래에 담은 배우들의 가창력이 감동적이었다.
- 〈구체적〉

때로는 힘차게 때로는 섬세하게 감정에 몸을 맡기고 영혼을 쏟아붓는 듯한 노랫소리는 맑고 투명하여 등장인물의 깊은 상처가 아플 정도로 느껴졌다.
- 〈구체적〉

가장 감동이 컸던 부분은 미혼모 역을 맡은 앤 해서웨이가 절망 속에서 비참한 심정을 토로하는 장면이었다. 외동딸을 생각하는 그녀의 모습에 엄마로서의 내 모습이 겹쳐서 쉴 새 없이 눈물이 흘러나왔다.
- 〈구체적〉

수정한 글에서는 영화 내용과 쓰는 사람의 감상을 훨씬 구체적으로 썼다. 그 결과 영화의 매력이 직접 전달되기 시작했다. 처음 제시된 예문을 읽을 때와 수정한 글을 읽을 때를 비교하면 영화의 인상이 크게 달라졌으리라 믿는다. 쓰는 사람의 감정을 솔직하게 표현한 '외동딸을 생각하는 그녀의 모습에 ~ 쉴 새 없이 눈물이 흘러나왔다'라는 부분에 특히 높은 점수를 주고 싶다. 쓰는 사람의 솔직한 감상과 체험을 섞어서 깊이 있게 쓴다면 다른 사람의 이론을 빌려오거나 일반론을 쓰는 글과 차별화할 수 있다. 개성 있는 글을 쓰고 싶다면 구체적 묘사는 아주 큰 역할을 할 것이다.

글을 쓸 때 추상적 표현을 몇 차례 썼다면 그 다음은 구체적 표현으로 깊이 있게 쓰자. 반대로 구체적 표현을 계속 썼다면 추상적 표현을 넣어서 한번 흐름을 끊어주자. 추상과 구체를 자유롭게 오가며 글을 쓸 수 있다면 글쓰기 수련을 끝내고 하산해도 좋다. 이렇게 쓰면 독자의 흥미를 마지막까지 계속 끌고 가기 때문에 읽다가 그만두는 사람이 줄어들 것이다.

# 비교할 때는
# 반드시 비교 대상이 필요하다

비교를 하면 사실이 보다 강하게 전달된다

비교할 때 비교 대상을 함께 제시하지 않으면 본뜻과 사실을 전달하기 어려워진다. 예를 들어 40세는 젊다고 해야 할까, 늙었다고 해야 할까? 50세나 60세가 본다면 40세는 아직 젊을 것이고, 20세나 30세가 보면 늙었다고 느낄 것이다. 즉 40세라는 단어만 있다면 젊은지 늙었는지 말할 수 없다. 따라서 비교할 때는 반드시 비교 대상이 필요하다.

**예문 1**
오늘 서울의 최고기온은 7℃였다. 따뜻한 하루였다.

**수정한 글**

오늘 서울의 최고기온은 7℃였다. 평년 기온이 -3℃인데 비해 오늘은 10℃ 가까이 높아서 따뜻한 하루였다.

예문 1은 서울 근처에 사는 사람은 금방 알지도 모른다. 그런데 따뜻한 지역에 사는 사람들에게는 어떨까? '7℃면 쌀쌀할 텐데?'라고 생각할지도 모른다. 수정한 글처럼 서울의 '평년 기온'을 알려줘서 그날은 특별히 따뜻한 하루였다는 글쓴이의 의도가 바르게 전달되게 해야 한다.

**예문 2**

아이는 성적표를 받고 이번 시험에서 82점을 받았다는 사실에 실망하여 어깨를 축 늘어뜨렸다.

**수정한 글**

아이는 성적표를 받고 이번 시험에서 82점을 받았다는 사실에 실망하여 어깨를 축 늘어뜨렸다. 지난 시험에서 받은 93점보다 크게 떨어진 데다 이번 시험의 전국 평균 84점보다 낮았기 때문이다.

**예문 3**

나도 상당히 둥글어졌다.


**수정한 글**

부하들이 잘못을 저지르면 하나하나 지적하고 호통을 쳤던 지난 직장과 비교하면, 나도 상당히 둥글어졌다.


**예문 4**

그 친구는 청바지가 잘 어울린다.


**수정한 글**

그 친구는 정장보다 청바지가 잘 어울린다.


위의 예문들처럼 숫자를 사용하지 않고 비교하는 방법도 있다. 그 밖에도 '범위'를 명확하게 함으로써 본뜻과 의도를 정확하게 전달하는 방법도 있다.


**예문 5**

A선생님의 교육 방침은 아주 참신하다.

**수정한 글**

구태의연한 교육계에서 A선생님의 교육 방침은 아주 참신하다.

**예문 6**

B선수는 아직 기술이 부족하다.

**수정한 글**

최고의 선수만 모아놓은 대표팀 안에서 B선수는 아직 기술이 부족하다.

**예문 7**

C는 생각이 견실하다.

**수정한 글**

매년 들어오는 신입사원들과 비교해 볼 때 C는 생각이 견실하다.

# 이것저것 너무 많이 담지 않는다

내용을 편집할 수 있어야 한다

글을 쓸 때는 주제를 좁혀서 쓰자. 단 정보 전달을 목적으로 하는 실용적인 글은 예외로 한다. 이것저것 많이 담은 글은 읽는 사람에게 스트레스를 주고, 오히려 읽는 사람의 기억에 아무것도 남기지 못하는 결과를 초래할 수 있다.

**예문**

나는 다섯 살에 처음으로 축구를 시작했을 때부터 계속 공격수를 맡았다. 나는 늘 더 많이 득점하는 데 집념을 불태웠다. 고등학교 때는 아침부터 밤까지 축구를 연습했는데 3학년 마지막 대회에서는 안타깝게도 1차전에서 패배하고 말았다. 그 후에 아마추어팀에서 계속 축구를 했고 지금은 지역 소년 축구 클럽에서 코치로 일하고 있다. 언젠가 프로 축구 선수를 배출하는 것이 내 꿈이다.

예문은 인상에 남지 않는다. 주제가 지나치게 다양한 점을 원인 중 하나로 꼽을 수 있다. 짧은 글에 이것저것 너무 많은 내용을 담았다. 시간 순서대로 경력을 서술하는 이력서를 읽고 있는 느낌이 들어 딱히 즐겁지도 않고 흥미를 느끼지도 못한다. 시간 순서대로 쓰는 편이 친절하다거나, 많은 내용을 담아야 좋다는 생각은 쓰는 사람의 착각에 지나지 않는다. 읽는 사람의 흥미와 관심을 끌고 싶다면 오히려 주제를 좁게 잡고 깊이 파고들어 가야 한다.

그렇다면 이 예문은 주제를 어떻게 좁히면 좋을까? 생각할 수 있는 다양한 주제를 아래에 예로 들어보았다.

### 1. 다섯 살 때부터 고등학교 때까지 축구에 전념한 것

왜 축구를 좋아했는가? 왜 그렇게까지 열정을 불태웠는가? 당시의 열정을 서술한다.

**2. 공격수로서 점수 획득에 집념을 불태웠던 것**

왜 공격수 포지션에 그렇게 매달렸는가? 점수 획득에 관한 생각을 서술한다.


**3. 고교 3학년 마지막 대회의 1차전에서 패배한 것**

1차전에 패배했을 때 느꼈던 분함을 묘사한다.


**4. 현재 지역 소년 축구 클럽에서 코치로 일하는 것**

아이들에게 축구를 가르치면서 느끼는 특별한 즐거움이나 보람을 서술한다.


**5. 장래 프로 축구 선수를 키우는 꿈에 대한 것**

꿈을 실현하고자 무엇에 마음을 기울이고 어떤 노력을 하고 있는지를 서술한다.


1에서 5처럼 주제를 좁게 설정해 해당 주제에 관해 깊이 있게 써야 술술 읽히고 인상에도 남는 글이 된다. 그렇게 해야 읽는 사람의 마음을 자극하고 감동을 주기 쉬워진다. 그렇다면 이제 다음에 나오는 예문 A와 B 중 어느 글에 더 끌리는지 생각해 보자.

**예문 A**
이 식당의 추천 메뉴는 돼지고기 생강구이, 타르타르소스 치킨, 고등어 조림, 닭강정, 소간 부추 볶음, 대구 된장 소스 구이, 생선회, 돈가스, 만두 등 다양하게 있다.

**예문 B**
이 식당의 추천 메뉴는 돼지고기 생강구이다. 육질이 부드럽기로 유명한 가고시마산 흑돼지와 깨끗한 물로 키워 향이 좋은 구마모토산 생강이 환상적으로 어우러져 한입 먹는 순간 감동을 맛볼 것이다.

물론 다양한 메뉴를 가장 큰 장점으로 살리고 싶다면 A처럼 써도 문제없다. 그러나 꼭 추천하고 싶은 메뉴가 있을 때는 B처럼 쓰는 편이 읽는 사람의 흥미를 더욱 자극할 수 있다.

또 다른 예로 한 학생이 기업에 제출하는 자기소개서를 생각해 보자. 만약 자기소개에 '제 매력은 커뮤니케이션 능력, 끈기, 지도력, 결단력, 실행력, 조율 능력, 교섭 능력 등입니다.'라고 썼다면 진짜 매력이 무엇인지 전혀 전달되지 않을 것이다. 오히려 개성 없게 느껴진다.

반면 '제 가장 큰 장기는 교섭 능력입니다. 교섭 능력의 포인트는 윈윈Win-Win이라고 생각합니다. 아무리 까다로운 교섭이라도 양쪽의 이익이 겹치는 윈윈 포인트는 반드시 있습니다. 그 포인트를 찾아내는 것이 제 장기입니다. 철저히 상대의 입장에서 생각하면 포인트가 떠오릅니다.'라고 쓴다면 학생의 남다른 특징이 살아난다.

글을 쓸 때는 무엇을 보여주고 무엇을 보여주지 않을지 '내용을 편집하는 능력'이 요구된다. 불필요한 내용은 '방해물'에 지나지 않는다. 읽는 사람의 흥미와 관심을 끄는 글을 쓰고 싶다면 많은 내용을 한가득 주워 담은 이력서처럼 쓰지 말자. 주제를 좁히고 하나의 목표를 향해 깊이 파고드는 글을 쓰도록 하자.

**칼럼 3**
# 대상 독자를 명확히 할 것!

내가 글을 쓸 때 가장 신경을 기울이는 부분은 '독자가 누구인가?' 하는 점이다. 즉 '대상 독자'가 누구인지 명확하게 확인한다. 학생인지 회사원인지, 회사원이면 신입 사원인지 베테랑인지 경영자인지 등등 독자층에 따라 초점이 달라지고 글에 담을 내용을 선택하는 기준도 달라진다. 같은 여성이라도 연령, 결혼 여부, 아이가 있는지 없는지에 따라서 지식과 취미와 관심의 방향과 강도, 이해력이 달라진다.

예전에 어느 뉴스 진행자를 취재한 적이 있는데, 처음에 나는 그녀의 '말하기 노하우'를 중심으로 기사를 쓸 생각이었다. 그런데 기사가 실리는 잡지를 보니 주요 독자가 30대에서 40대 주부였다. 3,40대 주부에게 말하기 노하우는 관심 분야가 아닐 것이다. 나는 인터뷰 방향을 바꿔서 라이프 스타일 중심으로 이야기를 듣고 기사를 작성했다. 그 결과 아주 좋은 반응을 얻었다.

내가 만약에 대상 독자를 잘못 생각했다면 아무리 훌륭한 내용을 쓴다 한들 독자에게 전혀 가닿지 않았을 테고 그렇다면 좋은 평가를 받기는 어려웠을 것이다. 우리가 쓰는 글에는 반드시 내용을 전달하고 싶은 대상 독자가 있다. '이 글의 독자는 도대체 누구일까?' 글을 쓰기 전에 그에 대한 대답을 명확히 하는 것이 매우 중요하다.

제 4 부

쓰는 사람도
수습하기에 난감한 글을
쓰지 않기 위해

# 흔한 내용으로 첫 문장을 시작하지 말라

생각지도 못한 각도에서 흥미를 끌어내야 한다

혹시 글의 첫 문장으로 일반적이고 상식적인 내용을 쓰면 사람들이 읽어주리라 기대한다면 그것은 대단한 착각이다. 옳고 바른 말은 흔하고 평범해서 재미가 없다는 뜻이기도 하다. 만약 독자의 흥미와 관심을 끌 만한 이야기를 쓰고 싶다면 흔한 내용으로 첫 문장을 시작하는 일은 피하자.

블로그에 '경기가 좋아지고 있다'라는 내용을 쓰고 싶을 때 '국내 경기 지수가 상승 경향으로 바뀌는 중'이라고 첫 문장을 시작한다면, 나는 엑스표(×)를 주고 싶다. 만약 당신이 경제평론가라면 이렇게 써도 괜찮을 수 있다. 그러나 아니라면 '단골 식당의 반찬 수가 늘어난 수수께끼'라고 첫 문장을 시작하는 편이 독자의 흥미를 자극할 수 있으리라.

첫 문장을 매력적으로 만드는 가장 간단한 방법은 반경 5미터 안에서 벌어지는 '친근한 체험'을 소재로 삼아 쓰는 것이다.

혹시 첫 문장을 날카롭게 시작하고 싶다면 '일반론과 반대되는 첫 문장 쓰기'도 하나의 방법이다. 경기가 상승하고 있을 때, '호경기의 가면을 쓴 악마가 침공한다!'나 '호경기의 뒷면에 감추어진 세 가지 위험인자'라고 뒤집어서 쓰는 것이다. 그러면 읽는 사람은 '갑자기 무슨 소리지?' 하고 흥미를 느낄 것이다. 물론 뒤따라 나오는 내용에 충분한 설득력이 있어야 한다는 점은 굳이 설명하지 않아도 알고 있으리라 생각한다.

정리하면, '첫 문장을 잘 쓰는 사람이 글을 잘 쓰는 사람'이다.

그러면 이제 과제에 도전해 보자. 당신도 슬슬 이 책을 절반 이상 읽었다. 혹시 당신이 자신의 블로그에 이 책의 감상문을 쓴다면 첫 문장을 어떻게 시작하겠는가? 블로그 방문자의 흥미를 끌 만한 제목을 고민해 보아야 한다.

아래는 제목의 예시다.

- 학교에서는 가르쳐 주지 않았던 '진짜 글쓰기 작법'
- 단 3시간 안에 '글쓰기 싫은 병'이 완치되다!
- 문장 혁명! 나의 30년을 돌려줘~
- 경쟁 블로거는 절대 못 읽게 하고 싶은 책

# 경험담의 나열은 무미건조할 뿐이다

경험에도 생각과 감정을 담아야 한다

자신의 경험을 글로 쓸 때 발생한 사실을 있는 그대로 나열하면 안 된다. 사실대로 나열하는 일은 이력서에 경력을 쓸 때나 충분하다. 사실의 나열은 무미건조해지기 쉽고 읽는 사람의 흥미를 끌기도 어렵다. 중요한 점은 경험한 사실이 아니라, 그 경험을 통해 '글쓴이가 무엇을 느끼고 생각했느냐'다. 글쓴이가 자신이 느낀 생각과 감정 혹은 체험을 나름대로 분석한 결과를 정리해서 썼을 때 평범한 경험담도 선명한 색채를 띠게 된다.

**예문**

내 사회생활의 최대 위기는 입사 8년 차에 찾아왔다. 처음으로 편집장으로 발탁되어 건강 잡지 《호노카》를 창간했는데 참패로 끝났다. 겨우 반년 만에 휴간하지 않을 수 없었다.

그로부터 2년 후 다시 만반의 준비를 하고 창간한 잡지가 '돈과 일과 라이프워크'를 테마로 한 신감각 잡지 《아유무》다. 여러분도 아시다시피 현재 꽤 많은 정기 구독자를 확보하고 있다.

**수정한 글**

내 사회생활의 최대 위기는 입사 8년 차에 찾아왔다. 처음으로 편집장으로 발탁되어 건강 잡지 《호노카》를 창간했는데 참패로 끝났다. 겨우 반년 만에 휴간하지 않을 수 없었다.

내 평생에 그때만큼 심하게 좌절한 적은 없었다. '20년 동안 사랑받는 잡지를 만들겠어!'라고 의욕에 차서 시작했는데 너무나 어처구니없이 막을 내려야 했다. 폐간 결정을 듣고 내 자신의 무능함에 실망하여 눈물이 줄줄 흘러내렸다.

그러나 그 실패를 경험으로 배운 것도 많았다. 특히 잡지를 창간할 때는 반드시 '독자층'을 철저히 조사해야 한다고 확실하게 배웠다. 그 중요성을 깨달은 것만으로도 가치 있는 경험이었다.

그로부터 2년 후 다시 만반의 준비를 하고 창간한 잡지가 '돈과 일과 라이프워크'를 테마로 한 신감각 잡지 《아유무》다. 여러분도 아시다시피 현재 꽤 많은 정기 구독자를 확보하고 있다.

나로서는 그야말로 기사회생이었지만 이 역전극이 우연은 아니었다. 《아유무》의 성공은 《호노카》의 실패에서 배웠다고 할 수 있다. 이번에는 창간하기 전에 타깃 독자가 무엇을 원하는지 철저히 조사했기 때문이다. 이번 성공을 통해 '실패는 성공의 어머니'라는 말을 실감했다.

먼저 나온 예문의 흐름을 살펴보자. 예문은 체험을 사실 그대로 기술만 할 뿐 체험을 통해 글쓴이가 느끼고 생각한 점은 담지 않았다. 글쓴이의 감정이나 생각이 드러나지 않는 체험담을 읽고 독자가 감정을 이입할 리는 없다.

### 예문의 흐름

체험　　　　잡지 《호노카》의 실패를 체험

| | |
|---|---|
| 감정/생각 | 쓰지 않음 |
| 체험 | 잡지《아유무》의 성공을 체험 |
| 감정/생각 | 쓰지 않음 |

  반면 수정한 글은 글쓴이의 감정과 생각이 충분히 담겨 있다. 예문이 '평면'이라면 수정한 글은 '입체'라고 할 수 있다. 글쓴이의 감정과 생각이 드러나자 사실을 보는 방법도 변화했다. 무엇보다 쓰는 사람의 개성이 선명하게 드러나서 사실만 기술했을 때는 흐릿했던 메시지가 반짝이며 빛을 내기 시작했다. 이런 것이 체험담이 지니는 진정한 힘이다.

### 수정한 글의 흐름

| | |
|---|---|
| 체험 | 잡지《호노카》의 실패를 체험 |
| 감정/생각 | 《호노카》의 실패를 겪으면서 느꼈던 생각과 감정, 실패에서 배운 점 등을 씀 |
| 체험 | 잡지《아유무》의 성공을 체험 |
| 감정/생각 | 《아유무》가 성공했을 때 느낀 감정과 생각, 객관적 분석 등을 씀 |

# 입으로 말할 수 없으면
# 글로도 쓸 수 없다
―

입으로 먼저 말해 보면 글이 체계적이고 명확해진다

사실 '말하기'와 '쓰기'는 서로 연결되어 있다. 술술 글로 쓸 수 있을 때는 그 글의 내용을 입으로도 말할 수 있다. 글로 쓸 수 없을 때는 애초부터 '말로도 할 수 없는' 경우가 적지 않다. 말로 할 수 없는 것은 글로도 쓸 수 없고, 말로 할 수 있는 것은 글로도 쓸 수 있다. 이러한 경향을 이용하여 글쓰기 실력을 늘리는 방법이 있다. 즉 '쓰기 전에 말하는 습관'을 들이는 것이다.

예를 들어 서평을 쓰고자 할 때, 그 책에 관해서 미리 다른 사람에게 이야기를 해보는 것이다. 말하는 상대는 친구, 가족, 회사 동료 등 누구라도 상관없다. "이런 책이 있는데 말이지……." 하고 책의 내용, 자신의 감상, 책에서 얻은 깨달음 등을 자세히 말해 보는 것이다.

말을 하면 내용이나 생각이 정리되고 기억에도 오래 남는다. 머릿속에서 '막연하게' 떠도는 생각을 입 밖으로 꺼내어 말하려면 '또렷하게' 정리해야 하기 때문이다. 말하기는 생각을 명확하게 정리하는 데 있어 매우 좋은 방법이다.

말을 들어주는 사람이 자신에게 질문까지 해준다면 더할 나위 없이 좋다. 상대의 질문에 대답하다 보면 생각이 한층 정리되기 때문이다. 타인의 질문에 대답하는 도중에 생각지도 않은 깨달음이나 아이디어가 떠오르는 경우도 종종 있다.

이때 질문에 대답하는 행위는 상대의 힘을 빌리는 '자문자답自問自答'이라 할 수 있다. 자문자답은 혼자서 하는 행동이지만, 여기서는 상대가 던지는 질문이 '자문'을 대신한다.

상대의 질문에 즉시 명확하게 대답할 수 있다면 그 내용을 글로 쓰는 데도 별 어려움이 없을 것이다. 반대로 대답이 막힌다면 아직 해당 내용을 글로 쓰기는 어려운 상태다. 글을 쓰는 사람 안에서 내용이 정리되지 않았다고 볼 수 있다. 그럴 때는 더 깊이 생각해 보고 조사하거나 다른 사람에게 묻거나 해서 어떻게든 대답을 만들어야 한다. 반복해서 말하지만, 어떤 일에 말로 대답할 수 있다는 것은 그 일에 관해 글로도 쓸 수 있다는 뜻이다.

혹시 당신이 초등학생을 둔 학부모라면 아이의 글쓰기 실력을 키워주고 싶을 때 '쓰기 전에 말하는 습관'을 가르쳐 주면 좋다.

자녀가 학교에서 수학여행을 다녀온 후 감상문을 쓰지 못해서 끙끙 앓고 있다면, 수학여행에 관해 이야기하게 하고 그 말을 들어주자. 부모에게 말하면서 수학여행에서 경험한 일이 상세하게 되살아나서 아이 스스로 글쓰기의 주제와 글감을 캐낼 수 있을 것이다. 혹은 이야기를 쭉 들은 후 "○○ 이야기가 재미있다면, 그걸로 써보면 어때?" 하고 조언을 해주어도 좋다.

또 이야기를 다 들은 후 아이에게 질문을 해보길 권한다. "가본 사찰 가운데 어디가 가장 좋았어?", "음식은 뭐가 제일 맛있었어?", "용돈으로 무엇을 샀어?", "친구들이랑 재밌는 일 없었어?" 등등.

아이가 스스로 물어볼 질문을 부모님이 도와줌으로써, 그리고 그 질문에 아이가 스스로 대답함으로써 아이의 머릿속에 있던 '막연한 정보'가 '뚜렷한 정보'로 바뀐다. 정보가 뚜렷해지면 아이가 먼저 '아, 그걸 쓰면 되겠구나' 하고 알아차릴 수도 있다. 부모님과 이야기를 하다가 빨리 글이 쓰고 싶어져 안달을 낼지도 모른다.

회사 등에서 업무로 글을 쓸 때도 마찬가지다. '쓸 수 없다'고 느낄 때는 우선 다른 사람에게 설명해 보거나 다른 사람의 질문에 답하는 형태로 내용을 정리해 보자. 이야기한 내용이나 대답한 내용을 전부 글감으로 사용할 수 있다.

# 글로 쓸 만한 내용이 자신에게 없기 때문에 글쓰기가 자신 없는 것이다

글쓰기를 위해서라도 많은 정보를 수집해야 한다

글쓰기가 자신 없다고 말하는 사람 중에는 애초에 쓸거리, 즉 내용이 부족한 사람도 적지 않다. 한마디로 '정보 부족 상태'라고 할 수 있다. 알고 있는 것이 부족하니 글을 쓸 수 없는 것은 당연하다.

이럴 때 효율적으로 정보를 수집하는 방법 중 하나가 '정보 수집 안테나 세우기'다. 아침에 일어나서 '오늘 감사할 일 세 가지를 찾아보자'라고 정한다고 상상해 보자. 그러면 그날 하루 감사할 일이 계속 생겨나기 마련이다. 사실은 평소에도 비슷한 일이 일어나고 있었지만 의식하지 않았기 때문에 '감사할 만한 일'이라고 생각지 못했을 뿐이다.

'감사할 일 세 가지를 찾자'라고 정하면 감사할 만한 일을 알아차릴 두뇌가 생긴다. 이런 상태를 '정보 수집 안테나를 세웠다'라고 말한다. 정보 수집 안테나를 세우면 마치 강력한 자석이 철을 끌어들이듯 필요한 정보를 계속해서 끌어당긴다. 이러한 뇌의 특성을 글쓰기에도 활용해 보자.

〈라라랜드〉라는 영화의 후기를 쓴다고 가정해 보자. 대부분이 영화를 다 본 후에 쓰려고 할 것이다. 그러나 재미있게 보기는 봤는데 뭐라고 쓰면 좋을지 처음부터 막힌다. 떠오르는 생각들이 막상 쓰려고 하면 이상하게 어딘가에서 걸려서 멈춘다. 결국 '좋은 영화였다'라고밖에 쓰지 못한다.

하지만 영화를 보기 전에 정보 수집 안테나를 세운다면 영화를 보면서 정보를 수집하는 두뇌가 생긴다. 안테나를 세우는 가장 추천할 만한 방법은 '미리 쓰기'다.

### 영화 〈라라랜드〉 후기를 위하여

- 등장인물 중 가장 인상적인 사람은 누구인가?
- 스토리, 각본은 매력적인가?
- 왜 제목이 〈라라랜드〉일까?

- 어떤 장면이 좋은가? 마음에 드는 대사는?
- 이 영화와 비슷한 느낌의 영화가 있다면 무엇일까?
- 이 영화의 주제는 무엇일까? 가장 전달하고 싶은 메시지는?
- 뮤지컬 영화로 만든 이유는 무엇일까?
- 이 영화는 어떤 사람에게 추천하면 좋을까?

위 예시처럼 본인이 얻고 싶은 정보에 관하여 스스로에게 미리 질문을 던져보자. 직접 글로 써보는 것이 가장 좋다. 그러면 영화를 보다가 인상적인 장면을 만날 때마다 필요한 정보를 모을 수 있다.

이 방법은 단순히 영화 후기에만 그치지 않는다. 거래처를 방문하기 전에 미리 정보 수집 안테나를 세워두면 고객 방문 보고서를 쓸 때도 도움이 된다.

### 고객 방문 보고서를 위하여

- 지난달 방문한 후 고객에게 어떤 변화가 있었는가?
- 지난달 조언했던 내용이 얼마나 실행되었는가?
- 새로운 문제나 고민거리가 생기지는 않았는가?

이렇게 미리 써보면 혹은 안테나를 세워두면 방문에서 얻을 수 있는 정보의 품질이 크게 달라진다. 이렇게 얻은 정보를 재료로 삼아 보고서를 써보자.

 '○○에 관하여 글을 써야 하는데 쓸 말이 없다'고 자주 고민하고 있다면 수집하는 정보가 부족한 탓일 수 있다. 이러한 증상을 개선하고 싶다면 정보 수집 안테나를 세워서 수집하는 정보의 질과 양을 늘려보자. 글쓰기가 지금보다 한결 편안해지리라.

# 모든 곳에서 글쓰기 재료를 수집한다

치우치지 않는 정보로 글의 폭을 넓힌다

글을 쓸 때 정보를 수집하는 방법은 하나둘이 아니다. 사람에게서 얻을 수 있는 정보가 있는가 하면, 대중 매체에서 얻을 수 있는 정보도 있고, 경험에서 얻을 수 있는 정보 등 다양한 경로와 수단이 있다. 이 모든 방법을 통해 정보를 수집할 수 있는 사람은 글을 쓸 준비가 됐다.

### 현장

현장에서 얻는 정보는 대부분이 1차 정보다. 1차 정보는 '가공하거나 편집하지 않은 정보'를 말한다. 한마디로 신선하고 정확한 정보다. 관계자에게 직접 들은 정보를 포함하여 현장에서 수집한 모든 정보가 글감이 된다. 현장에서 얻은 1차 정보는 보물과도 같다.

### 대중 매체

신문, 잡지, 텔레비전, 라디오 등에서 얻는 정보도 글을 쓰는 재료가 된다.

신문에는 1차 정보에 근거한 최신 정보가 총망라되어 있다. 시사성이 높은 정보를 얻고 싶을 때나 사회 전체의 움직임을 파악하고 싶을 때 큰 도움이 된다. 또 신문은 공공성이 높아 객관적이다. 반면 잡지는 신문보다 전문성이 높고 다소 주관적이다. 특정 테마의 정보를 얻고 싶을 때는 장르별 전문 잡지를 찾아보는 방법도 고려할 만하다.

텔레비전이나 라디오의 정보는 잡다하고 일방적이다. 내용을 검색하기 어려워 정보원으로서의 장점은 낮다. 텔레비전이나 라디오를 활용하고 싶다면 원하는 정보의 폭을 좁혀서 녹화하거나 녹음한다.

### 인터넷

스마트폰이나 컴퓨터를 이용하여 인터넷에 올라온 정보를 수집하는 경우가 늘어나고 있다. 검색 엔진을 이용하면 순식간에 정보를 모을 수 있어 시간이 단축되는 효과를 기대할 수 있다.

그러나 인터넷에는 정보가 많은 반면, 잘못된 정보나 신빙성이 낮은 정보, 악질적인 거짓 정보도 적지 않다. 2차 정보나 2차 정보를 가공하고 편집한 정보가 널려 있다. SNS상에서 개인이 발언한 정보는 특히 면밀하게 조사해야 한다. 정보 발신자가 상당한 신뢰성을 확보한 사람이 아니라면 해당 정보를 무분별하게 믿는 행동은 위험하다. 인터넷에 올라온 정보를 사용할 때는 실제로 근거가 있는지 사이트 운영자의 이력과 배경을 조사하거나, 같은 주제를 다룬 도서를 찾아보거나 해서 옳다고 판단할 만한 사실 근거를 검증해야 한다.

### 도서

책은 저자가 긴 시간에 걸쳐 축적한 정보가 압축되어 있는 경우가 많다. 다른 매체에 비해 비교적 '정보의 농도' 면에서 뛰어나다. 또 거의 모든 책은 출판사를 통해 세상에 나온다.

저자명도 표기되어 있다. 즉 출판사와 저자가 내용에 관해 책임을 지는 형태로 책의 품질이 보장되어 있다. 따라서 익명의 무료 정보가 범람하는 인터넷에 비해 정확성과 신뢰도가 높다. 책에서 얻는 품질 좋은 정보는 글을 쓸 때 가장 큰 힘이 된다.

### 체험과 경험

글쓴이가 직접 체험하고 경험한 것도 글쓰기의 주요 정보원이다. 에피소드 자체도 중요한 정보고, 자신의 시각, 청각, 후각, 미각, 촉각 등 오감을 사용하여 더욱 능동적으로 정보를 수집할 수 있어 다양하고 희소성 높은 글쓰기 재료를 얻을 수 있다. 체험이나 경험과 오감을 통해 얻은 정보는 잊어버리기 전에 그 자리에서 바로 메모해야 한다.

# 글을 쓰기 위해
# 스스로에게 묻고 답하는 과정을 거친다

자신에게 묻고, 자신이 답하고, 그것을 글로 엮는다

사실 글을 쓰는 작업에는 겉으로 드러나지 않는 '자문자답 과정'이 숨어 있다. '나는 망고를 가장 좋아한다'라는 글의 이면에는 글쓴이가 스스로에게 '나는 어떤 과일을 가장 좋아하는가?'라는 질문을 던졌다는 뜻이 담겨 있다.

글쓰기가 어렵다고 말하는 사람이 많은데, 어쩌면 자문자답을 하지 않았기 때문일지도 모른다. 혹은 자문자답을 게을리했다고 말할 수도 있다. 쓰는 사람이 자문자답을 하지 않으면 당연히 글을 쓸 재료도 손에 들어오지 않는다는 점을 기억하자.

- 1단계: 자신에게 묻는다
- 2단계: 자신의 질문에 스스로 대답한다
- 3단계: 그 대답을 글로 적는다

문장을 쓸 때 위의 세 단계를 강하게 의식하자. '최근 내가 빠져 있는 일'이라는 주제로 글을 쓴다고 하자. 이때는 어떤 내용으로 묻고 답하면 좋을까?

질문: 최근 내가 빠져 있는 일은?
대답: 명상

질문: 언제부터 명상을 시작했는가?
대답: 3개월 전부터

질문: 왜 명상을 시작했는가?
대답: 스트레스가 해소된다고 들어서

질문: 명상 시간은 어느 정도인가?
대답: 매일 아침 한 번에 5분 정도

질문: 명상은 어떻게 하는가?

대답: 심호흡을 하면서 호흡에 의식을 집중한다

질문: 어떤 자세로 하는가?

대답: 양반다리도 상관없고 의자에 앉아서도 상관없다. 나는 주로 의자에 편안하게 앉아서 한다.

질문: 명상의 효과는?

대답: 스트레스가 줄었다. 또 평소 불안이나 초조함을 느끼는 횟수가 줄었다. 그 덕인지 업무 효율이 좋아졌다.

질문: 언제까지 계속할 것 같은가?

대답: 들이는 노력과 비교할 때 얻는 효과가 상당히 커서 잠깐 빠지는 정도를 넘어 습관으로 만들고 싶다. 단, 워낙 금세 질리는 편이라 아무것도 장담할 수는 없다.

질문: 누구에게 추천하고 싶은가?

대답: 쉽게 불안해지는 사람, 업무에 쫓기는 사람, 주위 시선을 지나치게 신경 쓰는 사람에게 추천하고 싶다.

이처럼 하나의 주제를 두고 다양한 각도에서 스스로 질문하고 답하면 글쓰기 재료가 자연스럽게 손에 들어온다. 남은 일은 대답한 내용을 다음과 같이 글로 엮으면 된다.

**작성 예문**

나는 최근 3개월 동안 명상에 빠져 있다. 스트레스 해소에 도움이 된다고 친구가 권해준 것이 계기였다.

놀랍게도 명상을 시작한 이후로 스트레스가 확 줄었다. 게다가 불안이나 초조함을 느끼고 안절부절하는 횟수도 줄었다. 그 덕분인지 업무 효율이 대폭 올라갔다.

명상은 하는 방법도 간단하다. 의자에 앉아서 허리를 쭉 펴고 눈을 살짝 감거나 슬며시 뜬다. 그 후에는 조용하고 긴 호흡을 하며 오롯이 호흡에만 의식을 집중한다. 지금까지 매일 아침 5분씩 습관처럼 명상을 하고 있다.

워낙 잘 질리는 편이라 언제까지 명상을 계속할지는 모르겠지만, 노력 대비 효과가 워낙 좋아서 만족하고 있는 터라 이대로 습관이 되었으면 좋겠다. 습관으로 정착할지는 두고봐야 알겠지만······.

내게 명상의 효과는 절대적이다. 쉽게 불안을 느끼거나 일에 쫓기는 사람에게 꼭 추천하고 싶다.

처음에 던진 질문과 대답은 아홉 가지였지만, 더 호흡이 긴 글을 쓰고 싶을 때는 더 많은 질문을 던지고 대답해 보면 된다. '명상 중에 잡념이 떠오를 때는 어떻게 하면 좋을까?', '명상을 하면 집중력도 좋아지는가?' 등의 질문을 스스로에게 할 수도 있다. 때로는 '명상보다 운동을 하는 편이 스트레스 해소에 효과적이지 않을까?' 같은 대답하기 어려운 질문이나 짓궂은 질문을 던져보는 것도 중요하다. 선뜻 답변이 떠오르지 않는 질문에 열심히 대답하다 보면 흥미진진한 글감을 손에 넣을 수 있기 때문이다.

또 정보를 캐내는 데 편리한 '5W3H'는 자신에게 질문할 때도 유용하다. 스스로 질문하는 힘이 약하다고 생각한다면 5W3H를 적극적으로 사용하여 질문하는 습관을 길러보자.

### 5W3H

- Who (누가 / 어떤 사람이)
- What (무엇을 / 어떤 일을 / 어떤 것을)
- When (언제 / 어떤 때에)

- Where (어디서 / 어디로 / 어디에 / 어디에서)
- Why (어째서 / 무엇을 위해)
- How (어떻게 / 어떤 방법으로)
- How many (얼마나)
- How much (얼마)

한편 어떻게 궁리해 봐도 답이 나오지 않을 때는 다른 사람에게 묻거나 직접 조사해 보는 행동력도 필요하다. 대답하기 어렵다고 그대로 모른 척 넘어가면 좋은 글을 쓸 수 없다. 스스로에게 던진 질문이라도 반드시 대답하겠다고 마음을 굳게 먹고 해답을 찾아보자.

# 글은 메모에서 시작된다

메모에는 다섯 가지 효과가 있다

글을 잘 쓰는 사람일수록 적극적으로 메모하는 경향이 있다. 바꾸어 말하면 적극적으로 메모하는 습관은 글쓰기 실력을 키워준다고 할 수 있다. 왜 그럴까? 지금부터 '메모를 통해 얻을 수 있는 다섯 가지 효과'를 소개하겠다.

### 밑글 효과

사실 메모 자체가 글이다. 메모하면서 쓰는 글은 이후에 쓰는 본격적인 글의 '밑그림'이 된다. 메모를 하지 않고 갑자기 글을 쓰는 것보다 메모로 '밑글'을 쓴 후 본격적으로 글쓰기에 착수하는 편이 글을 보다 잘 다듬을 수 있다. 그러면 당연히 글의 완성도가 높아진다.

메모할 때 명심할 점은 '구체적으로 쓰는 것'이다. 초콜릿을 먹고 난 후에 메모할 때도 '맛있는 초콜릿'이라고 쓰기보다 '약간 신맛이 인상에 남는 살짝 쓴 초콜릿'이라고 메모하는 편이 밑글로서 효과적이다.

### 기억 효과

인간은 과거 경험과 기억을 발생한 순서대로 잊어버리는 존재다. 당신도 한 번쯤 '꼭 기억하자'라고 마음먹은 일을 잊어버린 경험이 있을 것이다. 메모에는 기억 효과가 있다. 메모만 꼼꼼하게 해두면 잊어도 문제가 없다. 필요한 순간에 메모를 읽고 기억을 되살리면 된다. 어떤 때는 몇 개월 혹은 몇 년 전에 적은 메모가 글을 쓸 때 도움이 되기도 한다. 메모는 귀중한 '정보의 저장고'다.

### 기억력 상승 효과

바로 위에서 '메모만 꼼꼼하게 해두면 잊어도 문제가 없다'고 말했지만, 사실은 메모를 하는 행동만으로도 기억력이 올라가는 효과를 얻을 수 있다. '쓰기'라는 행동을 하면 기억에도 강하게 새겨지게 된다. 언제라도 꺼낼 수 있는 정보가 머릿속에 많아지면, 당연히 글을 쓸 때도 편안하게 작업할 수 있다.

### 깨닫기 효과

메모하는 도중이나 책 사이에 끼워놓았던 메모를 넘겨보다가 여러 가지를 깨닫기도 한다. 당신이 좋아하는 음식을 써 놓았다고 가정해 보자. '탕수육, 똠얌꿍, 피클'이라는 메모를 발견했다. 이 음식 목록을 객관적으로 보고 '나는 신 음식을 좋아했구나' 하고 깨달을 수도 있다. 이처럼 시각화, 문자화된 메모를 통해 처음으로 깨닫는 일도 적지 않다.

책을 읽고 재미있다고 느꼈을 때 왜 재미있었는지 잘 설명할 수 없었던 적이 있을 것이다. 그렇다면 자신에게 흥미로웠던 부분을 메모해 보자. 왜 자신이 그 책을 재미있다고 느꼈는지 그 이유가 어렴풋하게 보이기 시작할 것이다. 적어 놓은 메모를 바탕으로 서평을 쓰면 생동감 있는 글을 쓸 수 있을 것이다.

### 아이디어 창출 효과

'깨달음'에서 나아가면 '아이디어 창출'이 기다린다. '만 원 이발소는 바쁜 사회인에게 비용과 시간 면에서 소중함'이라고 쓴 메모와, 또 전혀 다른 날에 적어둔 '성인 대상 온라인 강좌가 유행'이라는 메모를 보았다고 가정하자. 두 가지 정보를 종합하여 '온라인 강좌를 30분당 만 원으로 제공하는 사업도 가능하지 않을까?'라는 새로운 아이디어가 떠오를 수도 있다.

메모를 훑어보면서 전혀 관계가 없어 보이는 정보끼리 비교하거나 연결하여 공통점과 차이점을 찾아보면 새로운 아이디어가 떠오르기도 한다. 이러한 아이디어를 글에 담으면 읽는 사람도 흥미를 느낄 수 있다. 아이디어도 '글의 일부분'이다. 읽는 사람을 끌어당기는 글을 쓰고 싶다면 새로운 아이디어를 얻기 위해서라도 '메모광'이 되어보자.

# 글은 쓰는 것이 아니라 다듬는 것이다

글을 더욱 정교하게 다듬을 수 있는 네 가지 포인트

지금부터 다 쓴 글을 검토하고 다듬을 때 '교정 효과'를 높일 수 있는 네 가지 포인트를 소개하려고 한다. 교정이란, '글의 부족한 점과 잘못된 점을 바로잡아 최적의 상태로 다듬는 작업'을 말한다.

### 시간 간격을 두고 읽는다

글을 다 쓴 후 금방 다시 읽기보다 약간 시간을 두고 다시 읽어보는 편이 글을 더욱 정교하게 다듬는 데 유리하다. 잠시 글에서 떨어지는 시간을 둠으로써 자신의 글을 객관적으로

볼 수 있게 되는 것이다. 객관성이 늘어나면 부족한 내용, 어색한 흐름, 부적절한 단어, 오자와 탈자 등이 눈에 훨씬 잘 들어온다.

저녁에 썼다면 다음날 아침에 다시 읽어본다. 오전에 썼다면 점심을 먹고 오후에 다시 읽어보자. 급하게 끝내야 한다면 잠시 화장실이라도 다녀와서 다시 읽는 등 다양한 방법을 찾아보자.

### 프린트해서 읽는다

환경과 사정이 허락한다면, 프린트해서 읽어보기를 추천한다. 컴퓨터 화면 위에서 볼 때와 활자로 프린트된 글을 읽을 때는 시각이 많이 달라지기 때문이다. 보는 시각이 달라지면 객관성이 늘어난다. 즉 교정할 때 정밀도가 올라간다. 프린트할 때 일부러 서체를 바꾸는 것도 하나의 방법이다. 보는 눈이 크게 바뀌어 교정할 때 도움이 된다.

모든 글을 프린트해서 보는 것은 경제적이지 않고 종이 낭비가 될 수도 있지만, 업무의 성과와 바로 연결되는 글을 쓸 때는 망설이지 말고 프린트해서 검토하자. 작은 수고지만, 실행하느냐 실행하지 않느냐에 따라 글의 완성도는 크게 변한다.

### 소리 내어 읽는다

조용히 눈으로 읽는 '묵독'보다 소리 내어 읽는 '음독'일 때 교정의 정밀도가 올라간다. 묵독할 때는 빠짐없이 읽는다고 생각하지만 실제로는 흘려 읽는 경우가 종종 있다. 음독을 하면 눈에 들어오는 모든 정보를 입으로 말하는 과정에서 언어 변환 작업이 이루어지기 때문에 한 글자도 흘려 읽을 수가 없다. 특히 소리 내어 읽다 보면 글의 흐름이나 리듬이 나쁜 부분이 쉽게 눈에 들어온다. 읽다가 여러 번 반복되는 표현이나 장황하게 긴 문장이 눈에 띄면 바로 고치자.

### 제3자에게 읽어보게끔 한다

교정의 정밀도를 더욱 높이고 싶다면 다른 사람에 읽어보게 하는 방법도 있다. "여기는 무슨 뜻인지 모르겠어.", "이 표현은 바꾸는 게 좋지 않을까?", "○○ 관련 정보를 넣는 것이 어떨까?" 같은 의견을 들으면, 혼자 교정할 때는 미처 알아차리지 못한 부족한 점과 잘못된 점을 파악하여 수정할 수 있다. 스스로 완벽하다고 생각했던 글에서도 빠진 부분이나 흠이 나오기 마련이다. 제3자의 객관적인 눈은 그런 부분을 발견하기 쉽다.

보다 근본적으로 말하면, 글쓰기 실력이 잘 늘지 않는 이유 중 하나로 자신이 쓴 글에 대하여 '다른 사람의 의견이나 지적을 듣지 않는다'는 점을 들 수 있다. 본래 인간이란 타인의 티는 잘 발견해도 제 눈의 들보는 보지 못하기 마련이다. 다른 사람에게 받은 지적과 조언을 순순히 받아들여 고치려고 노력하는 사람은 글쓰기 실력이 늘어날 것이다.

글을 쓰는 부분까지가 글쓰기 실력이라고 생각하는 사람들도 있을 텐데, 글쓰기에는 '글을 쓰기 전 준비하는 과정'과 '다 쓴 후 퇴고와 교정하는 과정'이 포함한다. 지금까지는 글을 완성한 후 다시 읽지 않고 끝냈다면 이제부터는 퇴고와 교정에 힘을 쏟길 바란다. 쉽게 읽히지 않던 글이 잘 읽히고, 의도가 전달되지 않던 글이 잘 전달되는 글로 변화할 것이다.

글을 쓴 후 교정을 하지 않고 다른 사람에게 보여주는 행위는, 마치 요리사가 요리를 끝낸 후 맛을 확인하지 않고 손님에게 음식을 대접하는 것과 다름없다. 아무리 자신만만하게 요리를 완성했어도 먹는 사람이 맛이 없다고 느낀다면 그

간의 노력이 무의미해진다. 앞으로 교정에도 힘을 기울여 독자가 만족할 수 있는 글로 완성하도록 노력하자.

# 문단,
# 시각적 측면을 고려해 배치한다
―

보기 좋은 글이 읽기도 좋다

**블로그 A**

2017년 4월 12일 NEW!

제목: 뜻이 통하는 글쓰기

"어땠어?" "아, 문제없어. 너는?" "응, 생각보다 건강하게 지내고 계셔." "들를 거야?" "아직 모르겠어. 좀 피곤하기도 하고." "알았어."

SNS 대화의 일부분이다. 두 사람의 대화를 읽고 무슨 얘기인지 아는 사람이 과연 있을까. 당연히 본인들은 서로 이해하고 있다.

어떻게 두 사람은 이해할 수 있을까? 둘은 사전에 서로 정보를 공유하고 있었기 때문이다. 남편은 병원에 검사하러 갔고, 부인은 친정어머니를 만나러 갔다가 돌아오는 길에 스포츠 센터에 들를 예정이었다. 서로 일정을 완전히 파악한 상태에서 대화를 주고받았다. 그렇기 때문에 의사가 '전달'되고 있다. 정보만이 아니다. 상대가 연인, 부부, 친구라면 서로 신뢰하고 있을 것이다. 그렇다면 생략하고 말할 수도 있다. 예를 들어 "어땠어?"라고 주어와 목적어를 생략해도 무엇을 말하려는지 상대가 이해할 수 있다.

그러나 이와 같은 대화가 성립하려면 정보를 공유하고 서로 신뢰하고 있어야 한다. 업무로 메일을 보낼 때 상대에게 통찰력을 기대하면 안 된다. '이 정도는 이해하겠지'라고 생각해도 안 된다. 상대가 쉽게 받아주지 않을 뿐만 아니라 오히려 정반대로 오해할 수도 있다.

### 블로그 B

2017년 4월 12일 NEW!

제목: 뜻이 통하는 글쓰기

"어땠어?"
"아, 문제없어. 너는?"
"응, 생각보다 건강하게 지내고 계셔."
"들를 거야?"
"아직 모르겠어. 좀 피곤하기도 하고."
"알았어."

SNS 대화의 일부분이다.

두 사람의 대화를 읽고 무슨 얘기인지 아는 사람이 과연 있을까. 당연히 본인들은 서로 이해하고 있다.

어떻게 두 사람은 이해할 수 있을까? 둘은 사전에 서로 정보를 공유하고 있었기 때문이다.

남편은 병원에 검사하러 갔고, 부인은 친정어머니를 만나러 갔다가 돌아오는 길에 스포츠 센터에 들를 예정이었다. 서로 일정을 완전히 파악한 상태에서 대화를 주고받았다.

그렇기 때문에 의사가 '전달'되고 있다.

정보만이 아니다. 상대가 연인, 부부, 친구라면 서로 신뢰하고 있을 것이다.

......

———

어느 쪽이 더 읽기 쉬운가? 대부분 B라고 대답할 것이다. 블로그 A와 B는 완전히 같은 내용이다. 두 글은 '배치'만 달라졌다.

블로그 A는 좁은 공간에 글자가 가득 차 있어서 읽을 때 약간 스트레스를 받는다. 반면 블로그 B는 공간이 여유롭다. 덧붙여 블로그 A 같은 글을 '검은 글'이라고 하면, 블로그 B는 '하얀 글'이라고 할 수 있다. 정보가 넘치는 현대 사회에서는 '검은 글'보다 '하얀 글'이 환영받는다.

블로그 B는 아래 두 가지를 신경 썼다.

### 한 줄의 글자 수

인간의 눈은 옆으로 이동할 때 불편을 느낀다고 한다. 따라서 문장이 옆으로 길면 읽기 힘들다. 블로그를 포함한 인터넷 매체에 글을 올리거나 이메일 등을 쓸 때는 길어도 '한 줄에 30자 전후'를 기준으로 하자. 마침표를 찍어 문장을 끝내면 좋지만, 그것이 어려울 때는 쉼표를 찍거나 적당한 부분에서 줄을 바꾸자.

**여백을 만든다**

단락 사이를 한 줄 띄우고 여백을 두면 시각적 압박이 줄어든다. 특히 컴퓨터로 글을 읽을 때 전체를 꼼꼼히 읽는 사람은 적다. 많은 사람이 필요한 정보가 있을 듯한 단락만 뽑아서 읽는다. 빈 줄 여백은 '정보 단위'를 구분한다. 따라서 여백이 있는 글은 읽기 편하고 읽는 이를 배려하는 글이 된다.

요즘에는 스마트폰으로 글을 읽는 사람이 늘었다. 스마트폰 화면은 가로폭이 좁아서 '한 줄에 20자' 정도에서 줄을 바꾸는 것이 좋다. 그렇다고 이상한 곳에서 줄을 바꾸면 전체적으로 들쑥날쑥해질 수 있다. 스마트폰으로 읽기 편하게 쓰고 싶다면 길어도 5-10줄에 한 번씩 빈 줄로 여백을 두도록 신경쓰자.

## 스마트폰에서 글을 쓸 때 예시

### 1. 여백 없이 붙여 쓰기

이번 주제는 메일이다. 메일은 회사 생활에서 빼놓을 수 없는 필수 도구다.
많은 사람은 하루에 100통 이상, 적은 사람도 여러 통의 메일을 주고받는다고 한다.
한편 메일로 의견을 주고받는 일이 익숙지 않아 어려움을 겪는 사람도 많다.
- 메일로 연락하기가 낯설다. - 메일을 잘못 써서 오해받은 적이 있다. - 메일로 크게 실수한 적이 있다. - 메일을 쓸 때 시간이 너무 오래 걸린다. - 메일 쓰기 예의가 뭔지 모르겠다. - 애초에 글쓰기는 자신 없다. - 감정적으로 메일을 쓸 때가 있다.
이런 고민을 하거나 혹은 경험해 본 분에게 이 책을 권하고 싶다.

## 2. 여백을 넣어 문단 별로 띄워쓰기

이번 주제는 메일이다.
메일은 회사 생활에서 빼놓을 수 없는 필수 도구다.
많은 사람은 하루에 100통 이상,
적은 사람도 여러 통의 메일을 주고받는다고 한다.

한편 메일로 의견을 주고받는 일이 익숙하지 않아 어려움을 겪는 사람도 많다.

- 메일로 연락하기가 낯설다.
- 메일을 잘못 써서 오해받은 적이 있다.
- 메일로 크게 실수한 적이 있다.
- 메일을 쓸 때 시간이 너무 오래 걸린다.
- 메일 쓰기 예의가 뭔지 모르겠다.

이런 고민을 하거나 혹은 경험해 본 분에게 이 책을 권하고 싶다.

**칼럼 4**
# 환경을 바꾸면 글이 더 잘 써진다!

사람은 환경의 영향을 많이 받는 존재다. 글을 쓸 때도 환경의 영향을 피할 수 없다.

내 직장은 집이다. 이따금 도무지 일이 궤도에 오르지 않는 날이나 생각한 대로 펜이 움직이지 않는 날이 있다. 나는 그럴 때 망설이지 않고 집 밖으로 뛰쳐나간다. 대부분 좋아하는 카페로 향한다. 그러면 기분이 전환되고 머릿속 스위치가 바뀌어서 문장이 술술 나오기도 한다.

중요한 점은 자신이 집중할 수 있는 환경이 어딘지를 아는 것이다. 사람에 따라 카페가 아니라 녹음이 풍성한 공원일 수도 있고 혹은 전철 안일 수도 있다. 조용한 곳에서 집중이 잘되는 사람이 있는가 하면, 조금 시끄러운 곳에서 집중할 수 있는 사람도 있다. 또 날마다 상황에 따라 집중할 수 있는 장소가 바뀌기도 한다.

독창적인 글을 쓰고 싶을 때는 조금 멀리 나가보는 것도 괜찮다. 익숙하지 않은 풍경을 보고 자극을 받으면 영감이 샘솟기도 하고 어떤 때는 신기할 정도로 글이 술술 써지기도 한다.

아무튼 '도무지 써지지 않을 때'는 장소를 바꾸는 방법도 생각해 보자. 이동이 어려울 때는 책상의 위치만 바꾸어도 효과가 있다. 환경을 아군으로 만드는 방법을 파악하면 '영 글이 써지지 않아…….' 하고 한탄하는 날이 줄어들 것이다.

제 5 부

# 글을 풀어가는
# 10가지 방법

# 글을 풀어가는 데는 10가지 유형이 있다

글이 안 써질 때 도와주는 도구

쓰고 싶은 마음은 태산 같은데 막상 글을 쓰려고 하면 첫 문장부터 막힌다. 손안에 정보가 모두 모여 있는데도 글로 표현할 수가 없다. 이런 고민을 하는 사람에게 유효한 도구가 '글을 풀어가는 유형'이다. 이것은 글쓰기에서 '기본 틀'이 된다.

스포츠, 무술, 악기, 전통 공예 등 세상의 모든 것에는 기초가 되는 기본 틀이 있다. 기본 틀을 몸에 익히면 그 후에는 훈련을 통해 능숙해지지만, 기본 틀을 몸에 익히지 않았다면 능숙해지기를 기대하기 어렵다. 또 기본 틀을 알고 있으면서 일부러 무너뜨리는 것과 기본 틀이 무엇인지 몰라 처음부터 무너져 있는 상태는 의미가 전혀 다르다.

글을 풀어가는 방법에도 마찬가지로 유형이 있다. 보통 우리가 학교에서 배우는 유형은 '기승전결' 하나뿐이다. 이것은 생각해 보면 상당히 이상하다. 왜냐하면 글을 풀어가는 과정에는 수많은 유형이 존재하기 때문이다. 목적과 상황에 맞춰 가장 적합한 유형을 고르면 글쓰기가 훨씬 쉬워진다.

이 장에서는 특히 자주 쓰고 사용하기 편리한 '글을 풀어가는 10가지 유형'을 소개하고자 한다. 이 유형들을 서랍 안에 준비해 두고 있다가 언제 어떤 상황에서든 필요할 때 꺼내서 바로 적용해 보자.

- 유형 1: 결론 우선형
- 유형 2: 에피소드와 깨달음형
- 유형 3: 정보 나열형
- 유형 4: 주장형
- 유형 5: 시간 순서 나열형
- 유형 6: 중요도 순서형
- 유형 7: 비교형
- 유형 8: 제안 및 소개형

- 유형 9: 이야기형
- 유형 10: 서론 본론 결론형

위와 같은 10가지 유형은 당신의 글쓰기 동반자다. 예를 들어 결론 우선형에는 '결론→ 이유 및 근거 제시→ 구체적 예시(상세)→ 마무리'의 단계가 있다. 각 단계가 당신에게 물을 것이다. '결론은 무엇인가요?', '이유와 근거는 무엇인가요?', '예시를 들어 구체적으로 알려주세요' 등등. 이처럼 질문에 답하듯이 글을 써나가면 된다. 앞으로 글을 쓸 때는 이 현명하고 고마운 동반자의 힘을 최대한 빌려보자.

'글을 풀어가는 유형'을 활용하면 글의 내용도 잘 정돈되며 글쓰기 속도도 비약적으로 빨라진다. 주제가 미리 정해졌을 때 짬짬이 머릿속에서 유형에 따라 글을 구성할 수도 있다. 물론 익숙해지면 형태를 바꾸거나 다른 유형과 조합하여 자유롭게 구성할 수도 있다. 각자 자신에게 맞는 독창적인 유형을 만들어도 좋다.

# 유형 1: 결론 우선형

—

"그래서 결론이 뭐야?"라는 말을 자주 듣는다면

**기본 흐름**

1. 결론
2. 이유와 근거 제시
3. 구체적 예시
4. 마무리

수많은 유형 중에서도 특히 글쓰기에 편리한 유형이 결론 우선형이다. 이 유형은 이름 그대로 글의 첫머리에 결론을 쓴다. 이후에는 유형의 기본 틀을 따라 쓰기만 하면 이해하기 쉽게 글이 완성된다.

### 예문

**1. 결론**

산만한 사람에게 나는 달리기를 추천하고 싶다.

**2. 이유와 근거 제시**

왜냐하면 달리기를 하는 동안 뇌의 전두엽이 활성화되어 집중력이 높아지기 때문이다. 이 사실은 뇌과학 분야에서 이미 여러 차례 증명되었다. 참고로 전두엽이란 '뇌의 사령탑'이라 불리는 부분으로 사고를 관장하는 뇌의 최고 중추다. 달리기를 할 때 바로 이 전두엽에 자극이 가해진다.

**3. 구체적 예시 1**

나는 매일 아침 30분씩 달리고 있다. 뛰는 속도나 도착 시간에는 전혀 신경쓰지 않는다. 중요한 것은 모든 사고와 감정을 배제하고 일정한 리듬에 따라 호흡하면서 반복적으로 다리를 움직이는 것이다. 15분 정도 지날 무렵부터 힘들다는 생각이 사라지면서 뇌가 '기분 좋다'는 감각에 지배된다.

**4. 구체적 예시 2**

달리기를 일과로 한 이후부터 집중력이 올라가서 같은 시간 안에 처리하는 업무량이 그 전보다 1.5배 늘었다. 또 오감이 민감해져서 아이디어가 계속 퐁퐁 떠오르게 되었다. 게다가 식사도 전보다 맛있게 하고 잠도 푹 잘 수 있게 되었다. 수면의 질이 높아지면서 집중력이 한층 올라간 기분이 든다.

**5. 마무리**

달리기로 집중력이 상승하는 효과는 매우 놀랍다. 앞으로도 일에서 최상의 효율을 발휘할 수 있도록 매일 아침 계속해서 달리고 싶다.

'결론→ 이유와 근거 제시→ 구체적 예시'라는 흐름을 따라 쓰는 동안 글의 설득력도 점점 높아진다. 이러한 흐름이 바로 결론 우선형의 효과다.

2의 '이유와 근거', 3과 4의 '구체적 예시'는 둘 다 중요하다. 이 세상에는 이유와 근거만 듣고 동의하는 사람이 있는가 하면, 구체적 예시까지 듣고 나서야 동의하는 사람도 있기 때문이다. 이유와 근거, 구체적 예시는 자전거의 두 바퀴와 같다. 하나라도 부족하면 자전거가 잘 달릴 수 없듯이 글의 설득력도 떨어진다. 참고로 장문을 쓸 때는 예시를 세 가지 이상 제시하는 방법도 있다.

속도와 명쾌함이 요구되는 업무용 글쓰기에서 결론 우선형은 자주 활용된다. 혹시 평소에 "그래서 결론이 뭐야?"라는 말을 들을 때가 많았다면 글의 첫머리에 결론을 쓰는 결론 우선형을 적극적으로 활용해 보자.

# 유형 2: 에피소드와 깨달음형

주인공은 에피소드!

**기본 흐름**

1. 에피소드
2. 깨달음(배운 점, 교훈)
3. 결론(포부, 희망 등)

'에피소드와 깨달음형'은 앞에서 설명한 결론 우선형과 대조적으로 결론이 맨 마지막에 나온다. 이 유형의 주인공은 '에피소드'다. 이 유형은 독자의 흥미를 끄는 에피소드부터 소개한 후에 그것을 통해 깨달은 점, 배운 점, 교훈 등을 쓴다. 그리고 쓰는 사람이 내린 결론, 포부, 전망 등을 마지막에 싣는다.

**예문**

**1. 에피소드**
베이징으로 출장을 갔다가 귀국하는 날이었다. 비행기 출발 시간보다 4시간 전에 공항에 도착했기에 여유롭게 카페에서 일을 하며 시간을 보냈다. 출발 시간 1시간 전쯤 보안 검색대로 갔다가 깜짝 놀랐다. 보안 검사를 기다리는 행렬이 끝이 보이지 않을 정도로 길지 않은가. 헉! 15분 정도 걸려서 보안 검사를 간신히 마치고 이제 안심해도 될까 했는데, 출국 심사장에 가보니 더 긴 줄이 기다리고 있었다. 허거걱! 초조하고 불안한 마음에 발을 동동 구르며 줄을 서 있는데 이대로 마냥 기다리다간 비행기를 놓칠 것 같았다. 직원을 붙잡고 손짓 발짓으로 사정을 설명했다. 다행히 직원이 편의를 봐줘서 대기 시간을 줄일 수 있었다. 허겁지겁 게이트를 향해 달렸고 내가 비행기에 올라타자마자 비행기 문이 닫혔다. 휴…….

## 2. 깨달음(배운 점, 교훈)

다음날 서울에서 중요한 업무가 있는데 못 가면 어쩌나 걱정되어 오랜만에 등에서 식은땀이 줄줄 흘러내렸다. 여유롭게 공항에 도착했는데 마지막에 정신을 빼놓은 내가 잘못이다. 한국의 국내선과 시스템, 규모, 평균 소요 시간이 완전히 다른 해외 공항에서는 만약을 대비해서 조금이라도 빨리 탑승 게이트까지 도착해야 한다는 사실을 뼈저리게 깨달았다.

## 3. 결론(포부, 희망 등)

어쩌면 단순히 비행기에 관한 이야기가 아닐 수도 있다. 중요한 점은 여유를 갖는 자세다. 전철을 탈 때도 자동차로 갈 때도 혹은 걸어갈 때도 이동 중에 무슨 일이 벌어질지 모른다. 중요한 용무가 있을 때는 조금이라도 빨리 현장에 도착해서 차라리 남은 시간을 기다리는 편이 현명하리라. 이번에는 정말 당황했다. 두 번 다시 이런 일이 없도록 해야겠다.

위 예문에서는 모든 단계에 따라 썼는데, 상황에 따라 에피소드를 소개한 후 깨달은 점만 쓰고 끝내도 문제없다. 깨달음을 바탕으로 더욱 발전된 형태로 깊이 있게 쓰고 싶을 때는 포부와 희망 등을 소개하는 결론까지 쓰면 좋다.

이 장을 처음 시작할 때 '이 유형의 주인공은 에피소드'라고 썼는데, 사실 이 유형을 활용하여 깊이 있는 글을 쓰려면 에피소드를 통해 깨달은 점을 얼마나 잘 쓰느냐에 달려 있다. 에피소드가 아무리 재미있어도 깨달음이 얕다면 평범하게 마무리될 것이다. 반대로 에피소드가 평범해도 깨달은 점이 많다면 읽는 이에게 여운을 남기는 글이 될 수 있다.

에피소드와 깨달음 유형을 잘 활용하면 당신의 SNS 게시글에 공감하는 사람이 많아질 것이다.

# 유형 3: 정보 나열형

핵심을 완벽하게 전달할 수 있다

**기본 흐름**

1. 전체 이미지
2. 나열 1
3. 나열 2
4. 나열 3
5. 마무리

병렬관계의 다양한 정보를 전달할 때 도움이 되는 유형이

'정보 나열형'이다. '중요한 점은 세 가지다'라고 쓰고 싶을 때 글 첫머리에 전체 이미지를 전달하고 차례대로 각각의 핵심을 집어서 상세하게 쓴다. 독자는 첫머리를 읽고 전체 이미지를 파악했기 때문에 계속 이어지는 글을 안심하고 읽어나갈 수 있다.

### 예문

**1. 전체 이미지**

우리 주변에 '근육 운동은 귀찮다'라는 사람이 적지 않습니다. 그러나 근육 운동에는 아무리 귀찮아도 꼭 해야만 하는 커다란 장점이 있습니다. 지금부터 그 장점을 세 가지 소개하겠습니다.

**2. 나열 1**

첫째, 근육이 늘어나면 기초대사량이 올라갑니다. 기초대사량이 올라가면 살이 쉽게 빠지고 또 잘 찌지 않는 체질이 됩니다. 생활습관형 질병 예방에도 효과를 기대할 수 있습니다.

## 3. 나열 2

둘째, 자세를 바로잡아 줍니다. 몸에 근육량이 줄어들면 등이 점점 구부정해지는 등 자세가 나빠지는데, 근육은 이를 막아줄 뿐만 아니라 몸의 전체 선이 무너지지 않도록 도와줍니다.

## 4. 나열 3

셋째, 피로에서 빨리 회복되는 효과가 있습니다. 근육이 붙으면 혈액순환이 빨라져서 피로에서 회복되는 힘도 올라갑니다. 또 위장 운동이 활발해져서 영양 흡수도 개선되고 피로를 잘 느끼지 않는 체질로 바뀝니다.

## 5. 마무리

그까짓 근육 운동이 얼마나 효과가 있겠냐고 생각하기 쉽지만 그렇지 않습니다. 스스로 건강하지 않다고 자각하고 있다면 한번 시험해 보지 않겠습니까?

이 유형은 문단을 시작할 때 '첫째, 둘째, 셋째' 등의 표현을 써서 나열하거나, '시간 순서 나열형'에도 사용할 수 있는 '우선→ 다음으로→ 그리고/게다가' 같은 표현을 활용할 수도 있다. 문단 첫머리에서 나열하는 정보를 명확히 구분하여 표시하기 때문에 읽는 사람도 스트레스 받지 않고 읽을 수 있다.

### 잘못 쓴 글

상품 A에 관하여 질문이 있습니다. 발매일은 언제입니까? 또 세금을 포함하지 않은 가격은 얼마입니까? 그리고 판매 점포에 관해서도 알려주실 수 있습니까?

아무쪼록 확인을 부탁드립니다.

### 수정한 글

상품 A에 관하여 아래 세 가지 질문이 있습니다.

1. 발매일
2. 가격(소비세 별도)
3. 판매 점포

아무쪼록 확인을 부탁드립니다.

앞의 예문을 살펴보면 알 수 있듯이, 첫 번째 글은 한눈에 내용을 파악하기 어렵다. 반면 나열형을 활용하여 정리한 두 번째 글은 글쓴이가 알고 싶은 내용이 무엇인지 명확히 인식되기 때문에 회신을 할 때도 답변이 누락될 염려가 적다.

# 유형 4: 주장형

―

예상되는 반론에도 공감을 표해야 한다

**기본 흐름**

1. 배경
2. 주장
3. 이유
4. 구체적 예시
5. 예상되는 반론에 대한 공감
6. 다시 주장

흔히 블로그 등에서 생각이나 주장을 펼칠 때 혹은 업무에서 의견을 전달할 때 사용하는 유형이 '주장형'이다. 이 유형의 포인트는 '예상되는 반론에 대한 공감 표현'에 있다. 주장하고 싶은 내용을 막무가내로 쓴다고 해서 읽는 사람을 설득할 수 있는 것은 아니다. 예상되는 반론에 대해서도 정중하게 공감을 표현하면 글쓴이의 넓은 시야와 이해력이 독자에게 전달되고 그 결과 글쓴이의 주장에도 설득력이 더해진다.

### 예문

#### 1. 배경
일본은 세계 유수의 장수국가임에도 불구하고 생활습관형 질병과 알레르기로 고민하는 사람이 늘고 있다. 이 문제를 해결하려면 어떻게 해야 좋을까?

#### 2. 주장
나는 점점 양식에 편중되는 식사 방식을 일식 중심으로 되돌려야 한다고 생각한다.

### 3. 이유

파스타, 피자, 햄버거 등 현대 일본인이 즐겨 먹는 양식은 일식과 비교했을 때 종류도 적고 영양도 부족하다. 반면 일식에는 단백질, 비타민, 미네랄 등 양질의 영양소가 균형 있게 포함되어 있다.

### 4. 구체적 예시

일식을 예로 들자면, 전통 여관에 숙박할 때 아침식사로 나오는 국 하나와 세 가지 채소 반찬이 가장 이상적이다. 채소, 산채, 생선, 낫토, 미소 된장 등에 인간에게 필요한 영양소가 골고루 들어 있다.

### 5. 예상되는 반론에 대한 공감

물론 요즘 같은 현대 사회에서 매끼 일식을 먹기란 어려울지도 모른다. 특히 주로 도시에서 생활하는 경우에는 일식을 먹고 싶어도 삼시 세끼 챙겨 먹기 어려울 수도 있다.

### 6. 다시 주장

하지만, 그렇다고 해서 양식에 편중된 식생활을 계속한다면 질병과 알레르기에 걸릴 위험성 또한 높아질 뿐이다. 일식은 전 세계에서 주목받는 건강식이다. 우선 하루에 한 끼라도 좋으니 균형이 잘 잡힌 일식을 먹도록 노력해 보면 어떨까.

5번에서 글쓴이는 '요즘 같은 현대 사회에서 매끼 일식을 먹기란 어렵다'고 느끼는 사람들의 의견에 공감했다. 이렇게 예상되는 반론에 대하여 공감을 표현함으로써 글쓴이가 현실을 모르고 주장한다는 비판이나 반론을 피할 수 있다.

예상되는 반론에 대한 공감을 쓸 때 첫머리에 '물론', '확실히' 같은 단어를 사용해 주면 글을 써나가기가 훨씬 쉬워진다.

# 유형 5: 시간 순서 나열형

읽는 사람과 이인삼각 달리기

**기본 흐름**

1. 프롤로그
2. 단계 1
3. 단계 2
4. 단계 3
5. 에필로그

반드시 순서를 정해두고 차례대로 설명해야 할 때 도움이 되는 유형이 바로 '시간 순서 나열형'이다. 조리법을 설명할 때나, ○○를 만드는 방법 등 단계를 밟아 순서대로 설명하고 싶을 때 활용해 보자.

이 유형을 이용할 때는 프롤로그에서 '~을 소개하겠다', '~를 전달하겠다' 등 앞으로 설명할 주제에 관해서 알기 쉽게 제시하면 더 친절한 글이 된다.

**예문 1**

**1. 프롤로그**

지금부터 짧은 시간 안에 뚝딱 만들 수 있는 '시금치 달걀 볶음' 조리법을 소개하겠습니다.

**2. 단계 1**

제일 먼저 그릇에 달걀 2개를 깨서 풀어주세요. 시금치는 한 단을 3등분에서 4등분으로 잘라놓습니다.

**3. 단계 2**

다음으로 프라이팬에 마요네즈를 뿌리고 불을 켭니다. 마요네

즈가 녹아서 프라이팬 전체에 퍼진다 싶을 때 풀어두었던 달걀을 붓습니다. 재빠르게 휘저어서 스크램블 에그를 만든 후 일단 접시에 담습니다.

**4. 단계 3**
마지막으로 같은 프라이팬에 기름을 두르고 시금치를 볶습니다. 후추와 소금을 적당량 뿌려 간을 하고 먼저 만들어 두었던 스크램블 에그를 다시 프라이팬에 넣은 후 가볍게 섞어줍니다.

**5. 에필로그**
시금치와 스크램블 에그가 골고루 섞이면 완성입니다.

예문에서는 '제일 먼저→ 다음으로→ 마지막으로'를 사용하여 시간 순서대로 나열했다. 서두를 필요 없다. 정해둔 순서에 따라 각 예시를 정중하게 써내려 가는 것이 중요하다.
'제일 먼저' 대신에 '처음으로'를 써도 좋고, '다음으로'를 '계속해서'나 '덧붙여'로 바꿔 써도 좋다. 그 밖에 '우선→ 다음으로→ 더 나아가/그리고' 같은 순서로 나열하는 패턴도 있다. 이러한 표현은 정보 나열형과 시간 순서 나열형 양쪽 모두에 쓸 수 있다.

**예문 2**

감기에 걸렸을 때 대처 방법을 하나 소개할까 합니다. 우선, 수분을 충분히 섭취합니다. 다음으로 옷을 여러 겹 입고 견갑골과 목 사이에 핫팩을 몇 장 붙입니다. 또 목은 수건을 둘러 감싸줍니다. 이 상태로 푹 자면 감기 증상이 완화되어 다음날 아침 상쾌하게 눈을 뜰 수 있을 겁니다.

# 유형 6: 중요도 순서형

중요한 것부터 순서대로 전달한다

**기본 흐름**
---

1. 중요도 1
2. 중요도 2
3. 중요도 3
4. 중요도 4(보충)

 하나의 주제에 다양한 정보가 있을 때, '중요도 순서형'은 우선순위 또는 중요도가 높은 내용부터 차례대로 쓰는 유형을 말한다. 좋아하는 영화 장르라면 '액션(중요도 1)→ 로맨스 (중요도 2)→ 스릴러(중요도 3)'처럼 쓴다. 이 유형은 여러 가지 정보를 연이어 전달하고 싶을 때 효과적이다.

**예문**

### 1. 중요도 1
A선배는 보기 드문 독서가다. 보통 하루에 책 한 권을 읽는다. 많게는 일 년에 400권을 읽은 적도 있다고 한다. 박식하기 이를 데 없어 다들 '걸어 다니는 도서관'이라 부른다.

### 2. 중요도 2
또 스포츠맨이기도 하다. 매일 30분씩 달리는 것은 기본이고 주말에는 풋살과 테니스도 즐긴다고 한다. 그래서인지 늘 놀라울 정도로 활력이 넘친다.

### 3. 중요도 3
게다가 걸보기와 달리 음식도 잘한다. 자주 후배들을 집으로 초대해서 손수 만든 음식을 대접한다. 맛 또한 대단해서 전문

요리사가 와도 혀를 내두를 수준이다.

### 4. 중요도 4(보충)
이토록 완벽한 A선배는 서른다섯 살인 지금까지 독신을 고수하고 있다. 도대체 어떤 여성이 선배를 사로잡을 수 있을지 이런저런 예측이 암암리에 사내를 떠돌고 있다.

예문은 A선배의 특징을 글쓴이가 중요하다고 생각하는 순서(독서→ 스포츠→ 요리)대로 서술했다. 만약 독서보다 스포츠가 선배의 더 큰 특징이라고 생각한다면 스포츠를 중요도 1로 하면 된다. 예문의 경우 중요도 2 앞머리에는 '또'라는 접속사를 쓰고 중요도 3 앞에는 '게다가'를 썼다. 접속사를 문장 앞머리에 두고 선배의 특징을 자연스럽게 써내려 갔다.

중요도 4(보충)는 넣거나 빼도 문제가 되지 않는다. 만약에 추가한다면 '게다가', '더불어', '또한', '아울러', '그 밖에도', '그 외에도', '더욱이', '한층 더' 같은 말을 사용하여 자연스럽게 연결하면 된다. 편하게 쓰는 글이라면 '게다가 한술 더 떠' 같은 말을 추가해도 좋으리라.

또 중요도 1-3과 동렬이 아닌 '보충'을 쓸 때는 '덧붙여',

'참고로' 같은 접속사를 사용할 수 있다. '그런데'를 사용해서 화제를 바꾸는 것도 하나의 방법이다. 예문에서는 '이토록'이라는 표현을 사용했다.

# 유형 7: 비교형

―

글쓴이의 사고와 분석력을 가늠할 수 있다

**기본 흐름**
---

1. 정보 1
2. 정보 2
3. 정보 1과 정보 2를 분석(결론)

어떤 내용이나 정보를 여러 가지 나열하여 비교했을 때 비로소 깨달을 수 있는 사실이나 결론이 있다. 그러한 일련의 과정을 거쳐서 쓰는 유형이 바로 '비교형'이다. 데이터를 이용하여 논리적인 글을 쓰고 싶을 때나 읽는 사람을 설득하고 싶을 때 활용할 수 있다.

**예문**

### 1. 정보 1
사람의 자율신경에는 교감신경과 부교감신경 두 종류가 있다. 교감신경은 운동할 때나 화낼 때처럼 능동적으로 움직이거나 혹은 공격적일 때 활성화된다.

### 2. 정보 2
한편 부교감신경은 목욕탕에 들어가 있을 때나 잠들기 전처럼 긴장이 풀린 상태에서 활성화된다.

### 3. 정보 3
현대 사회는 아무래도 교감신경이 활성화되기 쉽다. 낮에 회사에서 바쁘게 일하고 저녁에 집으로 돌아오면 텔레비전을 보거나 스마트폰을 만지는 등 긴장을 풀고 편안하게 쉬는 시간이 거의 없다. 교감신경이 활성화된 상태가 계속 이어지면 스트레스에 대한 내성이 떨어져서 초조와 불안을 느끼기 쉬운 상태가 된다. 간혹 우울증에 걸리는 사람도 있다. 자율신경 체계가 흐트러지면 상상 이상으로 무서운 결말을 불러오기도 한다.

### 4. 정보 1과 정보 2를 분석(결론)

우리가 마음의 건강을 유지하려면 일상생활 속에서 부교감신경이 활성화되는 시간을 의식적으로 늘리려는 자세가 필요하다. 귀가 후에는 텔레비전이나 스마트폰에서 떨어져 욕조에 몸을 담그거나 마음이 차분해지는 음악을 들으며 지내보면 어떨까. 늘 바빠서 느긋하게 쉬는 시간이 거의 없다는 점을 자각하고 있다면 꼭 한번 마음가짐과 자세를 바꿔보자.

- 정보 1: 교감신경은 운동하거나 공격적일 때 활성화된다.
- 정보 2: 부교감신경은 긴장을 풀고 있을 때 활성화된다.
- 정보 3: 현대 사회는 교감신경이 활성화되기 쉽다.

정보 1에서 정보 3까지 내용을 정리한 후 글쓴이가 나름대로 분석하여 내린 결론이 4번이다.

- 결론: 마음의 건강을 유지하려면 부교감신경이 활성화되는 시간을 의식적으로 늘리려는 자세가 중요하다.

예문은 세 가지 정보를 비교했는데 두 가지 정보만 비교하거나 네 가지 정보를 비교해도 괜찮다.

어떤 의미로 비교형은 글쓴이의 사고나 분석력이 시험대에 오르는 유형이라고 말할 수 있다. 여러 가지 정보를 비교하면서 이끌어낸 결론이 설득력 있고 참신하고 기발하여 그 글에 매력을 느끼는 사람이 많다면 비교형을 잘 활용한 것이다. 분석적이고 논리적인 글을 써야 할 때 이 유형을 활용해보자.

# 유형 8: 제안 및 소개형

아이디어나 제품이 채택되고 싶을 때 활용한다

**기본 흐름**
---

1. 배경
2. 제안 및 소개
3. 제안 또는 소개의 이유(효과)
4. 방법론
5. 마무리

누군가에게 무언가를 제안하거나 소개할 때 활용하기 좋

은 유형이 '제안 및 소개형'이다. 이 유형에서 핵심은 '제안 또는 소개의 이유(효과)' 부분이다. 이 내용에 설득력이 있다면 기획하거나 제안한 내용이 채택될 가능성이 높아진다.

**예문**

**1. 배경**
혹시 자녀가 글자를 도통 외우려고 하질 않아서 고민하고 계신가요? 또는 다른 아이보다 글자를 외우는 데 시간이 걸려서 '혹시 우리 아이 머리가 나쁜 건 아닐까?' 하고 걱정하는 부모님이 계실지도 모릅니다.

**2. 제안 및 소개**
그런 부모님께 독특하고 기발한 학습법 '요코미네 95음'을 추천하고 싶습니다.

**3. 제안 또는 소개의 이유(효과)**
이번에 소개드리는 '요코미네 95음'은 히라가나를 외울 때 첫 글자인 'あ(a)'부터 순서대로 쓰면서 외우는 기존의 공부 방법과는 확연히 다른 학습법입니다. 원래 순서와 상관없이 직선으로 이루어진 글자부터 먼저 쓰면서 외우게 합니다. 한자 '一'부터 시작해서 '十', 가타카나 'ニ' 'エ' 'ノ' 순서로 가는 방식입니다. 간단하게 흉내 낼 수 있는 글자부터 배우기 시작하면 아이들도 쉽게 흥미를 느끼고 집중력에 스위치가 켜집니다. 참고로 히라가나 첫 글자인 'あ'는 94번째에 등장하고 제일 마지막에 배우는 글자는 'む(mu)'입니다. 아이들은 처음에 곡선을 사용하는 'あ'와 'む'를 가장 어렵게 느낀다고 합니다.

### 4. 방법론

자녀에게 가르쳐 주는 방법도 간단합니다. 시중에 요코미네 학습법에 관한 책이나 DVD가 많이 나와 있으며, 인터넷을 찾아보면 '요코미네 95음 글자표' 파일도 무료로 다운로드 받을 수 있습니다. 아무래도 부모님이 먼저 책을 읽고 방식을 이해한 후에 자녀를 지도하는 편이 효과가 더 좋습니다.

### 5. 마무리

글자 배우기에 흥미를 못 느끼던 아이들이 '요코미네 95음'을 접하고 단숨에 전부 외운 사례가 수없이 많이 있습니다. 취학

전 자녀를 키우시는 부모님께 이 '요코미네 95음'을 꼭 추천하고 싶습니다.

1의 '배경'에서 읽는 사람의 공감을 이끌어낼 필요가 있다. 독자에게 '맞아, 나도 알지!', '그래, 바로 그거야!' 하는 반응을 얻는다면 합격이다. 공감이 형성되면 이후에 나오는 제안이나 소개에도 흥미를 느낄 가능성이 크다.

'제안 및 소개형'은 업무에서 사용하는 제안서나 기획서는 물론이고 상품이나 서비스를 판매하는 글쓰기에도 응용할 수 있는 유형이다. 1에서 5의 흐름이 자연스러우면 제안하는 아이디어가 채택되거나 소비자가 제품을 구매할 확률이 올라간다는 점을 마음에 새겨두자.

# 유형 9: 이야기형

―

성공담으로 시작하는 이야기는 마음을 움직이지 못한다

**기본 흐름**
―

1. 좌절
2. 전환
3. 성장과 성공
4. 미래와 전망

  영화, 드라마, 소설, 다큐멘터리 등 우리가 이들 작품에서 감동받는 이유는 '이야기' 때문이다. 특히 초반의 좌절을 극복하고 성공하는 이야기는 누구나 좋아하는 패턴이다.

'이야기형'에서 특히 핵심은 '좌절' 부분이다. 좌절이란 약점, 열등감, 실패, 불운, 결점, 갈등, 절망 등 역경을 의미한다. 이러한 역경을 극복하는 이야기가 글에 담겨 있을 때 읽는 이의 심금을 울릴 수 있다.

**예문**

### 1. 좌절

이 회사에 입사한 지 3년 정도 되었을 때입니다. 저는 그때까지 도 상품을 소개하고 설명하는 일이 너무 어려웠습니다. 열심히 상품에 관해 설명하면 할수록 어떻게 된 일인지 고객의 표정은 점점 어두워지고 심지어 "이제 충분히 들은 듯하니 돌아가 주세요."라고 해 쫓겨나다시피 나올 때도 있었습니다. 거래처를 돌며 고객을 만나는 일이 점차 고통스러워졌습니다.

### 2. 전환

아무래도 제 적성에 맞지 않는다고 느껴서 그만둘까 고민하던 차에 사내 최고 영업 실적을 자랑하는 선배님이 제게 조언해 주었습니다. "있잖아, 너무 상품을 설명하려고 애쓰지 마. 상대가 하고 싶은 말을 잘 들어주도록 노력해봐."라고 말입니다. 무슨 말인지 이해하지 못했지만 더는 물러날 곳이 없던 터라 선배의 조언을 그대로 실천했습니다.

**3. 성장과 성공**

그러자 깜짝 놀랄 일이 벌어졌습니다. 그날 이후 조금씩 판매 실적이 올라가기 시작한 것입니다. 한 차례 고객의 고민을 들어주고 나면 "그래서 상품이 뭔가요?"라고 물어보는 곳도 있었습니다. 즐겁게 대화를 주고받는 과정에서 고객이 제게 마음을 열어준 것입니다. 일단 마음을 열고 나면 필요 이상으로 상품을 소개할 필요가 없었습니다. 제 설명을 긍정적으로 들어주기 때문입니다.

**4. 미래와 전망**

덕분에 지금은 그 선배님과 순위를 경쟁할 정도로 실적이 좋아졌습니다. 그때 선배님이 해주셨던 말이 무슨 뜻인지 지금은 압니다. 선배님의 말 속에는 '자신이 하고 싶은 말을 하기보다 상대를 기쁘게 해주어야 한다'라는 뜻이 숨겨져 있었다고 생각합니다. 앞으로도 선배님한테서 들은 조언을 소중히 여기며 열심히 일하고 싶습니다.

만약 이 예문의 첫 문장이 '저는 입사한 후 현재까지 사내 최우수 영업 실적을 지켜왔습니다'였다면 공감을 얻거나 감정을 이입하기 어려웠을 것이다. 성공으로 이야기를 시작하면 신기할 정도로 읽는 이의 마음이 움직이지 않는다. 이야기에 기복이 없고 단순한 자기 자랑으로 들리기 때문이다. 사람들이 흥미와 관심을 표하는 이야기는 기복이 풍부하기 마련이다.

지금 이 설명을 읽고 자신의 좌절을 쓰는 일에 망설임을 느끼는 사람이 있을 수 있는데, 이 유형은 얼마나 적나라하게 자신의 좌절을 토로하는지가 관건이다. 좌절을 적나라하게 밝힐수록 읽는 이에게 강한 공감을 얻을 수 있다. 지나치게 과장했다고 느끼지 않을 수준에서 '전반부 좌절'과 '후반부 성공'의 낙차를 크게 벌리는 작업이 중요하다. 오히려 평탄한 이야기가 되지 않도록 주의를 기울여야 한다.

# 유형 10: 서론 본론 결론형
—
마음껏 자유롭게 변형하여 사용하자

**기본 흐름**

1. 서론
2. 본론
3. 결론

우리가 흔히 알고 있는 기승전결 유형에서 '승'과 '전' 부분을 합쳐서 본론으로 만든 유형이 '서론 본론 결론형'이다. 이 유형은 수필, 평론, 보고서 등 다양한 형태의 글에 활용할 수 있다. 각 부분의 역할은 다음과 같다.

- 서론: 주제, 사실, 목적을 제시한다.
- 본론: 서론에 이어서 주장, 의견, 일화 등을 서술한다.
- 결론: 결말을 정리한다.

**예문**

### 1. 서론
최근 몇 년간 허리 상태가 좋지 않아서 지속적으로 물리치료를 받고 있다. 진단에 따르면 내 허리 통증의 원인은 '근육 경직으로 발생한 근막염증'이라고 한다. 3개월 내 완치를 목표로 통증을 줄이는 데 노력을 기울이고 있다.

### 2. 본론
내가 가장 노력하는 부분은 골반 스트레칭이다. 알고 보니 근막염이 발생한 원인도 골반의 움직임이 둔한 탓이라고 한다. 매일 아침과 저녁, 하루 2번씩 의사 선생님이 가르쳐준 골반 스트레칭을 실천하고 있다. 그와 동시에 평소 등을 구부정하게 마는 자세도 고치려고 신경을 쓴다. 구부정한 자세는 단순히 보기 안 좋은 데서 그치지 않고 몸 전체에 악영향을 미치며 다른 질병의 방아쇠가 되는, 한마디로 '만병의 근원'이라고 한다. 주로 컴퓨터 앞에 앉아 일을 하다 보니 나도 모르게 등을 구부정하게 말게 되는데 의식적으로 자세를 고치려고 노력하는 중이다.

### 3. 결론
통증의 치료도 중요하지만 생활습관성 질병을 개선하려는 꾸준한 자세가 중요하다는 것을 깊이 깨달았다. 이번 기회에 허리 통증을 유발하는 나쁜 습관을 버리고 원래의 건강을 되찾고 싶다.

'서론 본론 결론형'은 틀에 정확하게 맞춰야 하는 유형이 아니다. 앞서 설명했듯이 기승전결을 간단하게 만든 유형으로, 글쓰기의 주제와 목적에 맞게 응용력을 발휘하여 다양하게 쓸 수 있다.

만약 형식을 지켜야 하는 논문이라면 서론에서 문제를 제기하고, 본론에서 의견과 내용을 설명하고, 결론에서 결말이나 미래를 제시한다는 흐름에 맞춰서 글을 써야 한다. 참고로 논문에서 특히 중요한 점은 본론에서 자신의 의견에 관한 증거를 제시하는 부분이다.

혹시 가볍게 SNS용 글을 쓴다면 '이런 빵집에 다녀왔다(서론)→ 특히 ○○ 빵이 맛있었다(본론)→ 한 번쯤 가볼 만한 곳이다(결론)' 같은 흐름으로 쓰면 된다. 딱딱하게 틀에 얽매일 필요가 없다.

결론을 제시하는 방법도 천차만별이다. 딱 부러지게 단언하거나 산뜻하게 마무리해도 좋고, 여운을 남기거나 피식 웃음이 나게끔 정리해도 좋고, 창창하게 빛나는 미래와 희망을 제시해도 좋다. 글쓰기의 목적과 상황에 맞춰 다양한 접근 방법을 시험해 볼 수 있다.

### 칼럼 5
# 부정적 어휘와 긍정적 어휘

부정적 어휘를 습관적으로 사용하면 다른 사람에게 신뢰를 주지 못할 수도 있다. 모든 일에는 항상 반대 측면이 있다. 부정적 단어가 떠오를 때 '긍정적 단어는 뭐가 있을까?' 하고 한 번 더 생각해 보자.

- 붙임성이 없다 → 사려 깊다 / 진중하다
- 찌푸린 인상 → 진지한 인상
- 수다쟁이다 → 사교적이다
- 완고하다 → 신념이 강하다
- 대충이다 → 너그럽다 / 꾸미지 않는다
- 자주 화를 낸다 → 열정적이다
- 말이 없다 → 과묵하다
- 기가 약하다 / 신경질적이다 → 섬세하다 / 예민하다
- 둔감하다 → 대범하다
- 쉽게 질린다 → 집착하지 않는다 / 전환이 빠르다
- 직설적이다 → 정직하다
- 피곤하다 → 열심히 했다

- 지루하다 → 평온하다 / 평화롭다
- 계획 없이 닥치는 대로 처리한다 → 행동력이 좋다
- 비관적이다 → 신중하다
- 덜렁이 / 덤벙대다 → 귀엽다 / 활발하다
- 겉늙어 보인다 → 기품이 있다
- 쉽게 속는다 → 순수하다
- 참견쟁이 → 잘 챙겨준다 / 배려심이 많다
- 잔소리를 들었다(지적 받았다) → 조언을 들었다
- 빈둥거린다 → 자유로워 보인다 / 여유가 있다
- 낡아 보인다 → 세월이 더해졌다
- 바쁘다 → 충실하다
- 주의가 산만하다 → 호기심이 왕성하다
- 혼났다 → 배웠다
- 긴장감이 없다 → 자연스럽다 / 편안하다

물론 부정적 단어를 사용할지 긍정적 단어를 사용할지는 상황에 따라 다르다. 글의 목적, 대상 독자, 전달하고 싶은 메시지, 독자에게 전해주고 싶은 감정 등을 냉정하게 따져본 후 적절하고 알맞은 표현을 골라서 사용하자.

**글을 마치며**
# 글을 쓸 수 있다는 자신감, 그것도 잘!

최근 컴퓨터, 스마트폰, 인터넷, SNS가 보급되면서 글을 쓸 기회가 예전보다 훨씬 많아졌다. 글을 공유하기 편해진 반면 글로 인하여 뜻이 잘못 전달되거나 말썽이 생기는 일도 늘었다. 말썽의 원인을 살펴보면 대부분은 글쓴이의 '의도가 제대로 전달되지 않는' 글쓰기에 문제가 있다. 그래도 이 책을 전체적으로 읽은 후 글쓰기에 관한 고민이 조금은 완화되었으리라 기대한다. 혹은 지금쯤 자신의 글을 쓰고 싶어서 손이 근질거리는 사람이 있을지도 모르겠다.

그나저나 처음 시작할 때 설명했던 글쓰기의 기본과 다듬는 요령을 익히는 과정은 여기에서 끝났다. 앞으로는 실천하는 일만 남았다. 이 책에서 배운 내용을 충분히 살려서 계속해서 다양한 글을 써보길 바란다.

그리고 가능하다면 3개월 후, 6개월 후, 1년 후, 이렇게 세 번 이 책을 다시 읽어주기 바란다. 그렇게 간격을 두고 읽으면, 그 사이에 완전히 몸에 익힌 부분과 그렇지 않은 부분을 파악할 수 있을 것이다. "로마는 하루아침에 이루어지지 않았다."라는 말이 있다. 배운 내용을 완벽하게 자신의 능력으로 만들려면 계속 의식하고 반복하는 수밖에 없다.

마지막으로 꼭 말하고 싶은 것은 바로 '글쓰기의 놀라운 힘'이다. 글을 쓸 때는 누구나 예외 없이 자신과 마주보게 된다. 그와 동시에 읽는 사람의 기분을 생각하게 된다. 이렇듯 안과 밖 양쪽으로 의식을 향하는 과정에서 글쓴이 자신이 크게 성장하는 결과를 가져온다. 글쓰기를 지속하면 단지 글을 잘 쓰게 되는 데서 그치지 않고, 사회생활과 사생활을 통틀어 인간관계가 원활해지고 업무의 효율과 생산성이 올라갈 뿐만 아니라 인생을 개척하는 힘도 비약적으로 향상될 것이다. 그로 인해 기쁨을 느낄 기회 또한 많아질 것이다.

그동안 나와 함께 글쓰기에 도전해 '자신의 의도가 전달되는 문장'을 쓸 수 있게 되었다고 자신감을 회복한 사람을 많이 보았다. 그 중에는 글쓰기를 통해 자신의 목적과 꿈을 달성한 사람도 있다. 이 책을 읽은 당신도 이미 그럴 조건을 갖추었다. 지금까지 이 책에서 말하는 글쓰기의 기본과 문장 다듬는 요령을 꼼꼼하게 배우지 않았는가.

끝으로, 이 책을 선택하고 읽어준 독자 여러분께 전하고 싶다. 내 눈에는 글쓰기를 '무기'로 인생을 개척해 가는 당신의 모습이 또렷하게 떠오른다. 그러니 앞으로 자신 있게 글쓰기에 도전하기 바란다.

옮긴이

조윤희

책을 좋아하고 영화를 좋아하고 다양한 장르의 콘텐츠를 좋아한다. 문화를 소개하는 번역가를 꿈꾸며 글밥아카데미 수료 후 바른번역 소속 번역가로 활동 중이다. 옮긴 책으로는 『연봉이 달라지는 글쓰기』, 『내 손으로 만드는 ZBrush 캐릭터』, 『완전판 레시피: 빵의 기본』, 『가장 친절한 기본 데생』 등이 있다.

## 결국 글은 쓰는 것이 아니라 다듬는 것입니다

1판 1쇄 찍음 2019년 5월 25일
1판 1쇄 펴냄 2019년 5월 30일

지은이 야마구치 다쿠로
옮긴이 조윤희
펴낸이 권선희
펴낸곳 사이
출판등록 제313-2004-00205호
주소 03993 서울시 마포구 동교로 215 재서빌딩 501호
전화 02-3143-3770
팩스 02-3143-3774
이메일 saibook@naver.com
트위터 https://twitter.com/saibook

ⓒ 사이, 2019, Printed in Seoul, Korea

ISBN 978-89-93178-89-0  03800

값 13,500원

• 잘못된 책은 구입하신 서점에서 교환해 드립니다.